JÖRG BUCHNA

# Alle Jubeljahre ist nicht der wahre Jakob

BIBLISCHE REDEWENDUNGEN

JÖRG BUCHNA

# Alle Jubeljahre ist nicht der wahre Jakob

BIBLISCHE REDEWENDUNGEN

Die Deutsche Bibliothek – CIP Einheitsaufnahme
Alle Jubeljahre ist nicht der wahre Jakob/Jörg Buchna
1. Aufl. – Norden, Selbstverlag, 2003
ISBN 3-87542-043-8

4. Auflage 2004: 10.-13. Tausend


Leipziger Straße 46, 26506 Norden,
Telefon (0 49 31) 53 15, Fax (0 49 31) 1 66 81.
E-Mail: joerg.buchna@evlka.de



Gesamtherstellung: Brune-Mettcker Druck- und Verlags-GmbH,
Am Markt 18, 26409 Wittmund

# Vorwort

Die christlichen Quellen versiegen zwar nicht in unseren Tagen, aber sie sind doch vielen Menschen nicht mehr bewusst. Das gilt auch für viele Redewendungen, deren biblischer Ursprung oft gar nicht mehr bekannt ist.

Dass es lohnend und auch spannend ist, diesen Ursprüngen wieder einmal nachzugehen, dazu möchte dieses Buch anregen.

Bei dieser (Sprach-) Schatzsuche wird man, das kann ich versprechen, in jedem Fall nicht ärmer, sondern reicher.

Jörg Buchna

Im August 2003

# Inhalt

# Alle Jubeljahre

Vieles gerät nur allzu schnell wieder in Vergessenheit, weil es zum Alltäglichen gehört. Was seltener vorkommt, bleibt hingegen schon eher in Erinnerung. Einmalige oder außergewöhnliche Geschehnisse bleiben sogar sozusagen für immer in unserem Gedächtnis haften.
Solch ein Ereignis kann zum Beispiel darin bestehen, dass der Sohn zum ersten Mal in seiner gesamten Schullaufbahn statt der obligatorischen schlechten Zensuren in Mathematik eine „eins" mit nach Hause gebracht hat. Dass sich so etwas wiederholen könnte, damit werden weise Eltern besser nur alle Jubeljahre rechnen. Und auch die von ihrem Mann nicht gerade verwöhnte Ehefrau wird einen Blumenstrauß außer der Reihe sicherlich auch nur alle Jubeljahre erwarten können. Schließlich wird es in unseren Breitengraden auch nur alle Jubeljahre geschehen, dass im Sommer einmal Schnee fällt.
Wer nach dem Ursprung dieser Redewendung fragt, landet bei Widderhörnern. Mit weithin hallenden Klang aus diesen Hörnern, die auf hebräisch Jobel heißen, wurde nämlich im alten Israel das sogenannte Erlassjahr angekündigt. Zu diesem Erlassjahr oder eben auch „Jobeljahr" bzw. „Jubeljahr" wird im Buch Leviticus, dem dritten Buch Mose, aufgerufen. Im 25. Kapitel ist davon die Rede, dass alle 50 Jahre solch ein Erlassjahr, solch ein Jubeljahr, begangen werden soll. Die Bestim-

mungen zum Erlassjahr sahen dabei vor, dass jeder, der durch irgendwelche Umstände sein Gut oder seine Freiheit verloren hatte, diese nun wiedererlangen sollte. Im Hintergrund dieser Vorschriften stand dabei die Vorstellung, dass letztlich nicht der Mensch, sondern Gott allein der wahre Eigentümer des Landes und ihrer Menschen ist.
Das „Jubeljahr“ ist also ursprünglich ein alle 50 Jahre begangener religiöse Brauch, der an Gott als dem eigentlichen Eigentümer allen Lebens erinnern will. Noch heute feiert übrigens die katholische Kirche alle 25 Jahre ein Heiliges oder „Jubiläumsjahr“, das mit einem Jubiläums-Ablass verbunden ist.

# Ein einziges Tohuwabohu

Mein Bekannter war ganz außer sich. „Das ist ja einfach nicht mehr zum Aushalten, wie das jetzt bei uns zu Hause aussieht. Wir bauen jetzt gerade um. Es ist wirklich zum Verzweifeln, diese Unordnung. Nichts ist mehr an seinem Platz. Bei uns herrscht ein einziges Tohuwabohu.“
„Nun beruhige dich erst einmal“, erwiderte ich. „Immerhin hast du ja offensichtlich durch deinen Umbau Hebräisch gelernt.“
Mein Bekannter schaute mich ungläubig an, um mir dann zu erwidern: „Wieso kann ich Hebräisch? Davon kann doch gar keine Rede sein.“

„Doch, doch", entgegnete ich, „du hast gerade etwas auf Hebräisch gesagt, das so wortwörtlich in der Bibel steht. Und zwar am Anfang der Schöpfungsgeschichte."
Jetzt wurde mein Bekannter doch unsicher. „Aber ich habe dir doch eben nur geschildert, dass in unserem Haus momentan ein einziges Durcheinander, ein Tohuwabohu herrscht", sagte er jetzt. Ja, und da war nun jenes Wort gefallen, von dem mein Bekannter nicht wusste, dass es ein wörtliches Zitat aus dem 1. Buch Mose, Kapitel 1, Vers 1 ist. Da heißt es nämlich: „Am Anfang schuf Gott Himmel und Erde." Und dann fährt der Text fort: „Und die Erde war Tohuwabohu." Dieses hebräische Wort übersetzte Luther mit den Worten „wüst und leer". Damit soll der chaotische Urzustand der Welt beschrieben werden. Dieses Chaos wird dann von Gottes Schöpfermacht, die sich in seinem Wort dokumentiert, geordnet und mit Leben erfüllt. Als letztes, sozusagen als Krönung der Schöpfungspyramide, wird dann der Mensch von Gott geschaffen als Ebenbild Gottes.
Aus dem „Tohuwabohu" also erschafft Gott die Welt, aus dem ungeordneten Nichts, aus dem, was wir Chaos nennen. Und einen chaotischen Zustand haben wir auch immer dann vor Augen, wenn wir heute von einem einzigen Tohuwabohu sprechen.

# Ein Herz und eine Seele

„Ein Herz und eine Seele“ - so lautete der Titel einer Fernseh-Serie, in dessen Mittelpunkt das „Ekel Alfred“ stand. Dieser war nun freilich mit seiner Frau, die er gerne als „dusselige Kuh“ zu titulieren beliebte, oft alles andere als „ein Herz und eine Seele“. Denn mit dieser Redewendung soll ja nun gerade ein vollkommenes, herzliches und ungetrübtes Miteinander von Menschen ausgedrückt werden - sozusagen ein fast paradiesischer Zustand, in dem Menschen einander in Liebe gerecht werden.

Nach biblischer Überlieferung konnte von der „Urgemeinde“ in Jerusalem genau dies gesagt werden. Die Apostelgeschichte berichtet jedenfalls über diese ersten Christen, die sich nach dem Tode Christi in Jerusalem sammelten, folgendes (Apostelgeschichte 4, 32 -35): „Die Menge der Gläubigen aber war ein Herz und eine Seele; auch nicht einer sagte von seinen Gütern, dass sie sein wären, sondern es war ihnen alles gemeinsam. Und mit großer Kraft bezeugten die Apostel die Auferstehung des Herrn Jesus und große Gnade war bei ihnen allen. Es war auch keiner unter ihnen, der Mangel hatte; denn wer von ihnen Äcker oder Häuser besaß, verkaufte sie und brachte das Geld für das Verkaufte und legte es den Aposteln zu Füßen; und man gab einem jeden, was er nötig hatte.“

In der Tat, so wird man sagen dürfen, war man damals in Jerusalem ein Herz und eine Seele. Denn diese paradiesische Eintracht hörte selbst da nicht auf, wo sonst spätestens oft mit der Freundschaft Schluss ist: beim Geld nämlich. Bliebe nur noch anzumerken, dass man sich auch heute noch viele solche Gemeinschaften wünschen möchte, die in dieser Weise ein Herz und eine Seele sind.

# Jemanden auf Händen tragen

Man kennt diese Szenen aus alten Filmen. Da kniet der Bräutigam vor seiner Zukünftigen und gelobt ihr mit viel Schmalz in der Stimme und noch mehr Schmachten in den Augen: „Oh, Liebste, ich werde dich immer auf Händen tragen." Ob diese Worte sich auch später im Ehe-Alltag bewahrheitet haben, darüber schweigen sich die Filme, in denen solch Dialoge vorkommen, meistens aus. Und das ist vielleicht auch gut so. Denn zuviel Realität tut Träumen selten gut. Doch zur Ehrenrettung vieler Männer sei nun doch nicht verschwiegen, dass es gewiss nicht wenige Frauen gibt, die von ihren Männern wirklich geliebt und verwöhnt werden. Das Versprechen: „Ich werde dich auf Händen tragen", bleibt bei ihnen nicht nur ein Bekenntnis der Lippen, sondern findet über das Herz seinen Weg auch zu ihren Händen. Und da mag es dann, und das nicht nur im Film, sondern auch in einem Ehe-Alltag vorkommen, dass die Frau dann zu ihrem Liebsten sagt: „Danke, mein Schatz, du bist wirklich ein Engel."

Ja, und damit wären wir ganz unversehens dem biblischen Ursprung dieser Redewendung: „Ich werde dich auf Händen tragen" ganz nahe gekommen. Denn von Engeln wird auch in jenem Psalm berichtet, der unsere Redewendung enthält. In den Versen 11 und 12 des 91. Psalms können wir da nämlich diese Sätze lesen: „Denn Gott hat seinen Engeln befohlen, dass sie dich behüten auf allen deinen Wegen, dass sie dich auf den Händen tragen und du deinen Fuß nicht an einen Stein stoßest." Engel also sollen uns auf Händen tragen, damit unser Leben bewahrt bleibt. So will es Gott. Ein Engel ist ja bekanntlich ein Bote Gottes. Diese Boten müssen nun aber, so denke ich, nicht unbedingt Flügel haben. Und sie müssen auch nicht unbedingt Männer sein. Wir alle können uns da angesprochen fühlen. Jedenfalls dann, wenn die Liebe ihren Weg von unserem Herzen in unsere Hände findet.

# Hochmut kommt vor dem Fall

Ein gesundes Selbstbewusstsein braucht der Mensch - das sagen nicht nur die Psychologen. Aber zuviel davon kann beschwerlich werden. Vor allem für die Umgebung. Wer seine Nase schließlich so hoch trägt, dass er außer sich selbst niemand anderen mehr wahrnimmt, der darf sich eines Spruches seiner Mitmenschen sicher sein: „Hochmut kommt vor dem Fall."

Dieser Ausspruch verbindet sich dann mit der Erwartung, dass der Fall möglichst bald eintreten und möglichst tief sein möge. Tut er es dann, ist derjenige also kräftig auf die Nase gefallen, dann darf der Betreffende kaum Mitleid erwarten. Die Schadenfreude hat da schon eher Konjunktur.

Ursprünglich ist dieser Satz „Hochmut kommt vor dem Fall" aber, wie sich gleich zeigen wird, durchaus nicht von Schadenfreude bestimmt gewesen. Die Redewendung, um die es hier geht, stammt aus einem Buch der Bibel, in dem sich die Lebens- und Gotteserfahrung von Jahrhunderten widerspiegelt. Es ist das Buch der Sprüche Salomos. In ihm findet sich im 16. Kapitel, Vers 18, wörtlich unsere Redewendung: „Hochmut kommt vor dem Fall". Und auch im Neuen Testament können wir im 1. Petrusbrief einen ganz ähnlichen Satz lesen. Im fünften Kapitel, Vers 5, heißt es: „Gott widersteht den Hochmütigen, aber den Demütigen gibt er Gnade." Hochmütig ist dabei nach biblischem Verständnis nicht schon der, der ein gesundes Selbstbewusstsein hat. Als hochmütig sieht die Bibel vielmehr den Menschen an, der bei all seinem Planen nur noch sich selbst, aber nicht mehr Gott auf der Rechnung hat. Entsprechend meint „demütig" nicht einen Menschen, der sich das Rückgrat hat herausnehmen lassen. Demütig ist vielmehr der Mensch, der darum weiß, dass nicht der Mensch sich selbst und diese Welt in Händen hält. Der Satz „Hochmut kommt vor dem Fall" resultiert also aus der Erfahrung des Glaubens, dass es dem Menschen nicht gut bekommt, so hoch von sich zu denken, dass er sich an Gottes Stelle setzt.

## Zum Sündenbock machen

Schuld wird nur zu gern herumgeschoben, weil keiner sie haben will. Das fing schon im Paradies mit Adam und Eva an. Und das hat bis heute nicht aufgehört. Aber andererseits muss ja doch immer irgendjemand für irgendetwas verantwortlich sein. Sei es im privaten, sei es im öffentlichen Leben. Freilich, diejenigen, denen die Schuld zugeschoben wird, wehren sich dann nicht selten mit den Worten: „Ich lass mich doch nicht zum Sündenbock machen.“ Und der Protest wird noch heftiger ausfallen, wenn versucht wird, den vermeintlich Schuldigen auch noch aus der Gemeinschaft auszustoßen, indem man ihn in die Wüste schickt.
Der biblische Ursprung beider Redewendungen liegt im Alten Testament. Dort wird im Buch Leviticus, dem 3. Buch Mose, im Kapitel 16 der sogenannte Versöhnungstag, auf hebräisch „jom kippur“, beschrieben. An diesem Tag soll das Volk von allen Sünden gereinigt werden. Zu diesem Zweck wurden zwei Ziegenböcke als „Sündopfer“ ausgewählt. Über sie wurde dann das Los geworfen. Das eine Tier wurde als „Sündopfer“, als „Sünden-Bock“ geschlachtet und dargebracht. Der andere „Sünden-Bock“ wurde in die Wüste

geschickt. Zuvor wurden ihm allerdings noch vom Hohenpriester unter Auflegung seiner Hände die Sünden des Volkes Israel übertragen. Dieser in die Wüste geschickte Bock hatte natürlich ursächlich nichts mit den Sünden des Volkes Israel zu tun. Und genauso unschuldig wird sich der Mensch fühlen, der von anderen zu Unrecht zum Sündenbock gemacht und in die Wüste geschickt wurde. Bliebe noch anzumerken, dass der christliche Glauben dieses alttestamentliche Ritual des „Sündenbockes" natürlich nicht mehr kennt. Für ihn gilt vielmehr der Satz aus dem Epheserbrief, Kapitel 1, Vers 7: „In Christus haben wir die Erlösung durch sein Blut, die Vergebung der Sünden, nach dem Reichtum seiner Gnade."

# Wie die Ölgötzen

Gespräche gehören zu einer geselligen Runde wie das Salz zur Suppe. Unangenehm, ja, peinlich, kann es, zumal für die Gastgeber, werden, wenn sich die Gäste trotz prasselnden Kaminfeuers nichts zu sagen wissen und sich statt dessen nur ebenso ausdauernd wie beharrlich anschweigen. „Die haben ja die ganze Zeit nur stumm wie die Ölgötzen rumgesessen", so lautet nach solch einem verunglückten Abend häufig der enttäuschte Kommentar mancher Hausherrin und manches Hausherrn.

Ursprünglich soll die Bezeichnung für solch einen teilnahmslos wirkenden Menschen „Ölberggötze" gelautet haben. Dieser Begriff würde sich dann auf entsprechende neutestamentliche Texte beziehen. So berichtet der Evangelist Lukas (Kapitel 22, 39 - 46) im Zusammenhang mit der Leidensgeschichte Jesu davon, dass Jesus mit seinen Jüngern „an den Ölberg" ging. Dort fordert er seine Jünger auf: „Betet, damit ihr nicht in Anfechtung fallt." Christus selbst ringt dann, abseits von seinen Jüngern, im Garten Gethsemane im Gebet mit Gott darum, ob der Kelch des Todes nicht an ihm vorübergehen könne, „doch nicht mein, sondern dein Wille geschehe." Als Jesus zu seinen Jüngern zurückkehrt, findet er sie „schlafend".

Mit den „Ölberggötzen" waren dann also ursprünglich die schlafenden Jünger gemeint, die der Aufforderung Jesu, zu wachen und zu beten, nicht entsprachen, sondern vielmehr einfach einschliefen und „stumm wie die Götzen" blieben.

Wer heute die Redewendung vom „Ölgötzen" benutzt, denkt dabei wohl kaum an die schlafenden Jünger am Ölberg. Eher kommen einem dann schon Bilder von stummen Götzen in den Sinn, vor denen Öllichter entzündet werden.

# Das A und O

Was für den Erfolg eines Vorhabens unbedingt notwendig ist, darüber gehen die Meinungen oft weit auseinander. Wie man zum Beispiel am Besten abnimmt, darüber streiten die Gelehrten und auch die weniger Gelehrten. Bücher über die verschiedensten Diäten gibt es da zu Hunderten. Aber es gibt auch Dinge, da gibt es überhaupt kein Vertun, was für deren Verwirklichung unerlässlich ist. Wer etwa ein Leistungssportler werden will, der muss trainieren. Ohne regelmäßiges, intensives Training läuft da gar nichts.

Das A und O für den Erfolg ist hier also das Training. Und entsprechend gilt etwa für das Erlernen einer Sprache: ohne Vokabeln und Grammatik kommt man da nicht weit. Sie sind das A und O.

Um die Herleitung dieser Redewendung verstehen zu können, ist der Hinweis nötig, dass im Griechischen das A = Alpha zwar auch wie im Deutschen der erste Buchstabe des Alphabetes ist. Das O = Omega ist aber, anders als im Deutschen, der letzte Buchstabe des griechischen Alphabetes. Auf diesem Hintergrund will jener Text verstanden sein, von dem sich die Redewendung vom A und O herleitet. Im letzten Buch der Bibel, der Offenbarung des Johannes, heißt es im 1. Kapitel, Vers 8. „Ich bin das A und O, spricht Gott der Herr, der da ist und der da war und der da kommt, der Allmächtige."

Die Redewendung vom A und O geht also letztlich auf Gott als dem A und O, dem Anfang und Ende alles Lebens und dieser Welt zurück. Das A und O jeden menschlichen Lebens ist also, so sagt es dieser Text, Gott, der Schöpfer, der diese Welt und ihre Menschen geschaffen hat und erhält.

## Jemandem die Leviten lesen

Humor ist der Knopf, der verhindert, dass einem der Kragen platzt - so sagt es ein Dichterwort. Und in der Tat bekommt es dem täglichen Miteinander gut, wenn nicht gleich alles und jedes bierernst genommen wird. Eine humorvolle Bemerkung entspannt oft eine aufgeladene Situation und trägt damit dazu bei, dass ein befreiendes Lachen die erhitzten Gemüter wieder abkühlen lässt. Freilich sei nun auch nicht verschwiegen, dass mit Humor nicht jede Situation zu retten ist. Es gibt eben auch Zeitgenossen, die mit einer an Böswilligkeit grenzenden Hartnäckigkeit bestimmte üble Gewohnheiten pflegen. Und bisweilen gehören wir selbst wohl auch zu diesen Zeitgenossen. Manch Ehe-Streit nimmt bei diesen nicht abstellbar zu scheinenden Gewohnheiten seinen Anfang. Und wenn dann der Mann anfängt, seiner Frau die Leviten zu lesen wegen ihres ewigen Gejammers: „Ich hab´ nichts anzuziehen", dann bleibt diese Anschuldigung natürlich nicht ohne Antwort. „Du hast es nötig mit deiner nervenden Auto-Wascherei" - so könnte eine erste Erwiderung der

Angetrauten lauten. Ja, und dann geht das erst richtig los mit dem Leviten lesen.
Angenehm sind solche Lesungen für keinen. Es ist schon eher eine Strafe, diese über sich ergehen zu lassen. Und damit wären wir dem eigentlichen Ursprung dieser Redewendung schon ganz nahe gekommen. Diese lässt sich nämlich, so wird überliefert, zurückführen auf den Bischof Chrodegang von Metz, der im achten Jahrhundert lebte. Besagter Bischof hatte, wie berichtet wird, Anlass, gegen das nicht ganz so zuchtvolle Leben seiner Geistlichkeit vorzugehen. Um da Abhilfe zu schaffen, las Chrodegang den Geistlichen regelmäßig aus dem dritten Buch Mose vor. Auf lateinisch heißt dieses Buch Leviticus, weil es zu einem nicht geringen Teil Verhaltensmaßregeln für Leviten, für die Priester im alten Israel, enthält. Man kann sich nun wohl unschwer vorstellen, dass es fürwahr eine Strafe war, dauernd Lesungen aus diesem langweiligen Buch Leviticus anhören zu müssen.
Unsere Redewendung „Jemandem die Leviten lesen“, im Sinne von „Jemandem eine Strafpredigt halten“, rührt also von diesem Brauch her, jemandem zur Maßregelung aus dem Buch Leviticus vorzulesen.
Was den Begriff „Leviten“ betrifft, so bezeichnet dieser eigentlich die Angehörigen eines der zwölf Stämme Israels, des Stammes Levi. Seinen Namen erhielt dieser Stamm, wie die anderen Stämme Israels auch, nach einem der zwölf Söhne Jakobs.

# Sein Licht unter den Scheffel stellen

Manch kleines Licht hält sich für eine große Leuchte. Andere wiederum sind eigentlich wirklich große Leuchten, stellen aber ihr Licht unter den Scheffel. Als bescheiden, ja, als zu bescheiden pflegen wir solche Menschen anzusehen, die unscheinbar bleiben, weil sie sich und ihre Gaben zu wenig nach außen darstellen. So braucht sicherlich manch eine und manch einer unter uns die Ermutigung: „Trau dich doch ruhig, du kannst doch etwas, stell dein Licht nicht unter den Scheffel." Solch Zuspruch benötigen oft vor allem Kinder, die sich mit ihren Talenten nicht so recht an die Öffentlichkeit wagen .

Um diese Ermutigung, sich öffentlich zu zeigen, geht es auch in jenem Text, aus dem unsere Redewendung stammt. Im Kapitel 5 des Matthäus-Evangeliums bescheinigt Jesus seinen Anhängern: „Ihr seid das Licht der Welt" (Vers 14). Als Licht der Welt sollten sich die, die an Christus glauben, nun aber nicht verstecken. Damit blieben sie nämlich dieser Welt und ihren Menschen schuldig, ihnen die Liebe Gottes zu bezeugen. Deshalb fährt Jesus auch mit den Worten fort: „Man zündet auch nicht ein Licht an und setzt es unter einen Scheffel, sondern setzt es auf einen Leuchter; so leuchtet es allen, die im Hause sind. So lasst euer Licht leuchten vor den Leuten, damit sie eure guten Werke se-

hen und euren Vater im Himmel preisen" (Vers15 + 16).
Ursprünglich geht es also bei dieser Redewendung nicht darum, seine Gaben um seiner selbst willen, sondern um Gottes und des Nächsten willen in der Öffentlichkeit leuchten zu lassen.
Als „Scheffel" bezeichnete man früher übrigens ein kleines hohes Gefäß, das auch als Getreidemaß diente.

# Die fetten und die mageren Jahre

„Gute Zeiten - schlechte Zeiten", so lautet der Titel einer Fernseh-Serie, die davon handelt, wie das Leben so spielt. Und zum Spiel des Lebens gehört, so lehrt die Erfahrung, dass das Leben eben nicht das reinste Honigschlecken ist. Froh darf der Mensch deshalb sein, wenn die guten Zeiten nicht zu kurz bemessen sind und die schlechten Zeiten nicht gar zu lang anhalten. Mit den Worten einer Redewendung, um die es jetzt gehen soll, gesprochen: „Die fetten und die mageren Jahre" sollten sich in etwa das Gleichgewicht halten. Genauer müsste freilich von den „sieben fetten und den sieben mageren Jahren" die Rede sein.
Seine biblische Ableitung findet diese Redewendung im Traum eines Pharaos. Davon berichtet uns

die Josefs-Geschichte im 1. Buch Mose im Kapitel 41. Demnach erschienen dem Pharao im Traum sieben fette Kühe, die aber anschließend von sieben mageren Kühen gefressen wurden. Auch träumte ihm von sieben dicken Ähren, die von sieben mageren Ähren verschlungen wurden. Da alle Wahrsager und alle Weisen Ägyptens dem Pharao diesen Traum nicht deuten können, schlägt da die große Stunde Josefs, der wegen einer üblen Intrige im Gefängnis gelandet war(1. Buch Mose, Kapitel 39). Im Auftrag und in der Vollmacht Gottes deutet Josef dem Pharao seinen Traum. Demnach weisen die sieben fetten Kühe und die sieben dicken Ähren auf sieben gute Jahre voller Fülle hin. Auf diese guten Jahre werden dann aber, so Josef, entsprechend den sieben mageren Kühen und Ähren sieben Jahre der Hungersnot folgen. Dem Ratschlag des Josefs folgend sorgt der Pharao in den sieben fetten Jahren für die sieben mageren Jahre vor. Josef selbst kommt frei und wird vom Pharao reichlich belohnt.
Bliebe anzumerken, dass es sicherlich nicht ganz lebensfremd wäre, Josefs Rat zu beherzigen, in den fetten Jahren für die mageren Jahre vorzusorgen.

# Das ist doch alles Hokuspokus

Betrügen lässt sich keiner gern, verzaubern aber schon. Nun mag man füglich streiten, ob das Verzaubern nicht auch immer ein wenig mit Betrug zu tun hat. Doch darum soll es jetzt nicht gehen. Wenn nämlich jemand die Redewendung gebraucht, um die es im folgenden geht, dann fühlt er sich eindeutig verschaukelt. Mit den Worten: „Das ist doch alles nur Hokuspokus“ drückt er dann aus, dass er von all dem, was ihm da vorerzählt und vorgeführt wird, nichts hält. So wird ein Vertreter der sogenannten Schulmedizin bestimmte Heilpraktiken schlicht für „reinen Hokuspokus“ halten. Oder ein streng wissenschaftlich denkender Mensch wird die täglichen Horoskope in den Zeitungen als Hokuspokus bezeichnen. Und ebenfalls mit den Worten „Das ist doch alles nur Hokuspokus“ werden Eltern die Versuche ihres Sohnes abtun, seine schwachen schulischen Leistungen allein durch Meditation steigern zu wollen.

Zur Erklärung dieser Redewendung ist es nötig, ein wenig weiter auszuholen. Bis weit in das vergangene Jahrhundert war es üblich, dass die katholische Messe in Latein gelesen wurde. Zu jeder Messe gehörte und gehört das Abendmahl. Ein Abendmahl kann aber ohne die sogenannten Einsetzungsworte Jesu nicht ordnungsgemäß gefeiert werden. Bestandteil dieser Einsetzung sind die Worte Jesu, die sich im 1. Korintherbrief, Kapitel

11, Vers 23 - 24 finden. Auf deutsch lauten die uns interessierenden Worte: „Das ist mein Leib, der für euch gegeben wird." Die entsprechenden lateinischen Worte, die der Priester bei der sogenannten Wandlung spricht, lauten: „Hoc est corpus meum, quod pro vobis tradetur." Dieses lateinische „Hoc est corpus meum" wurde dann von Volkes Stimme zu „Hokuspokus" verballhornt.
So hat diese Redewendung also eigentlich ihren Ursprung in der lateinischen Abendmahlsliturgie der katholischen Kirche.
Nicht verschwiegen sei freilich, dass eine andere Ableitung den Ursprung dieser Redewendung in einer seit dem 16. Jahrhundert bekannten Zauberformel sieht. Diese soll „Hax pax max Deus adimax" gelautet haben.

# Der Stein des Anstoßes

Es gibt heute gar nicht so wenige Menschen und auch ganze Branchen, wie die Werbung etwa, die davon leben, ständig Anstoß zu erregen. Oberste Regel ist dabei: Hauptsache die Öffentlichkeit, vor allem die Medien - also Presse, Rundfunk und Fernsehen - nehmen davon Kenntnis. Die Geschmacksskala ist dabei nach unten völlig offen. Und wenn man denkt, tiefer geht´ s nun nimmermehr, wird man alsbald schon wieder eines Besseren, will sagen: Schlechteren belehrt. Denn es liegt in der Logik der Sache, sprich des Anstoßes, dass dieser immer ausgefallener sein muss, um die Öffentlichkeit noch zu erregen.

Was nun den Mann oder die Frau von der Straße betrifft, so wird die oder der schon zögerlicher sein, ein Stein des Anstoßes für seine Umgebung sein zu wollen - sieht man da einmal von kleineren Steinen ab. Diese können dann etwa in Gestalt eines neuen Kleides, das die Nachbarin vor Neid erblassen lässt, oder in Gestalt eines neuen, etwas lauter krähenden Hahnes daherkommen, der den Nachbarn auf die Palme bringen wird. Nein, zum wirklich großen Stein des Anstoßes, an dem sich die Menschen ärgern, möchte eigentlich keiner so gerne werden.

Anders sieht es da schon bei dem aus, auf den diese Redewendung vom Stein des Anstoßes biblisch zurückgeht. Bei ihm handelt es sich nämlich um niemand anderen als um Gott selbst. Als Stein, an dem sich die Menschen stoßen werden, wird Gott, so verkündet es der Prophet Jesaja, dem Volke Israel zum Gericht. Die entsprechende Stelle (Jesaja 8, 14) lautet so: „Er wird ein Fallstrick sein und ein Stein des Anstoßes und ein Fels des Ärgernisses für Israel." Diese Worte werden übrigens im Neuen Testament zitiert und dort auf Christus bezogen (1. Petrusbrief 2, 8). Für die, die an Christus glauben, so heißt es da, ist er der „kostbare Eckstein". Für die, die nicht an ihn glauben, ist er hingegen „ein Stein des Anstoßes und ein Fels des Ärgernisses".

Dieser rund 2000 Jahre alten Erkenntnis kann man wohl auch heute nur schlecht widersprechen.

# Ein Lückenbüßer sein

Natürlich kommt so etwas immer wieder einmal vor. Da müssen eine weltberühmte Opern-Diva oder ein Star-Tenor krankheitshalber ihren Auftritt absagen und ein sogenannter Nobody muss einspringen. Und gelegentlich geschieht es dabei, dass auf diese Weise ein neuer Weltstar geboren wird. Aber die Regel ist solch Stern-Stunde nun auch wieder gerade nicht. Solch ein „Lückenbüßer" verschwindet in der Regel auch sehr schnell wieder in der Versenkung. Nein, „Lückenbüßer" möchte eigentlich niemand so gern genannt werden, weil dieses Wort doch irgendwie immer einen Beigeschmack hat, der nach minderwertigem „Ersatz" klingt. Wer als Lückenbüßer irgendwo einspringen muss, der tut das also meist nie aus eigenem Antrieb, sondern eher gezwungen, weil sich niemand anderes hatte finden lassen.
Um den ursprünglichen Sinn dieses Wortes herleiten zu können, gilt es, sich zunächst klar zu machen, dass das Wort „büßen" hier im Sinne von „schließen" zu verstehen ist. Ein Lückenbüßer schließt also eine vorhandene Lücke. Im wörtlichen Sinne bezieht sich das Wort „büßen" = „schließen" auf das Schließen einer Lücke, einer Bresche, die in eine Mauer geschlagen wurde.

Die biblische Herleitung stammt aus dem Alten Testament. Der entsprechende Text findet sich in Nehemia 4,1. Da heißt es im jetzigen Luther-Text: „Als aber Sanballat und Tobija und die Araber und Ammoniter und Aschdoditer hörten, dass die Mauern Jerusalems ausgebessert wurden, weil die Lücken angefangen hatten sich zu schließen, wurden sie sehr zornig." Im „alten" Luther-Text von 1545 lautet die entsprechende Übersetzung des hebräischen Textes: „weil sie die Lücken angefangen hatten zu büßen."
Der „Lückenbüßer" ist also jemand, der für einen anderen in die Bresche springt, um so eine „gefährliche" Lücke zu schließen .

# Den Seinen gibt´s der Herr im Schlaf

Wer hätte diese Erfahrung nicht schon machen müssen? Da hat man sich auf eine Prüfung oder Examen tagelang gut vorbereitet, hat gebüffelt und gebüffelt - und schließlich war doch alles vergebens gewesen. Ganz andere Sachen als die erwarteten waren da abgefragt worden. Und andere, die sich, wie man wusste, kaum viel abgemüht hatten, die waren mit Glanz und Gloria durch die Prüfung gekommen. „Den Seinen gibt's der Herr im Schlaf" pflegt man solch Mitmenschen, denen alles nur so zuzufallen scheint, zu bescheinigen. Und in diesen Worten schwingt dann immer ein leicht neidischer Unterton mit - nach der Melodie: Verdient haben die es ja eigentlich nicht. Aber was will man machen, denn, siehe oben, den Seinen gibt´s der Herr nun einmal im Schlaf.

Dass der Mensch die Hände nur noch in den Schoß zu legen braucht, weil der liebe Gott schon alles richtet - diese Aussage wohnt unserer Redewendung ursprünglich nicht inne. Der entsprechende biblische Text, es ist der 127. Psalm, ist in der Luther-Bibel vielmehr mit den Worten überschrieben „An Gottes Segen ist alles gelegen." Und damit ist eben keineswegs gemeint, dass der Mensch überhaupt nichts mehr zu tun braucht, weil Gott schon alles für ihn erledigt. Vielmehr soll damit gesagt sein, dass es letztlich nicht in der Hand des Menschen ist, ob dem, was er tut, auch die Erfüllung zuteil wird. Was am Menschen ist, das soll er also auch tun. Um den Segen, um die Gnade des Gelingens für seine Vorhaben kann er hingegen Gott nur bitten. Darum steht für den Psalmisten fest (Psalm127, 1 - 2): „Wenn der Herr nicht das Haus baut, so arbeiten umsonst, die daran bauen. Wenn der Herr nicht die Stadt behütet, so wacht der Wächter umsonst. Es ist umsonst, dass ihr früh aufsteht und hernach lange sitzet und esset euer Brot mit Sorgen; denn seinen Freunden gibt er es im Schlaf."

# Der Kelch ist an mir vorübergegangen

„Leben ist nun einmal lebensgefährlich“ hat der Dichter Erich Kästner einst geschrieben. Dieser Satz spiegelt wider, dass unser Leben auch immer ein bedrohtes Leben ist. Freilich, neben dieser Erfahrung der Bedrohung hat jeder von uns auch schon die Erfahrung der Bewahrung gemacht. Wenn ein befürchtetes Ereignis nicht eingetreten ist, wenn wir also vor Unheil bewahrt blieben, dann sprechen wir oft davon, dass dieser „Kelch an mir vorübergegangen ist“. Wenn etwa ein Schüler entgegen allen Erwartungen doch versetzt wurde, dann ist der „Kelch“ des Sitzenbleibens an ihm vorübergegangen. Und ebenfalls wird derjenige, dem eine schwere Operation doch noch erspart werden konnte, erleichtert sagen: „Dieser Kelch ist an mir vorübergegangen.“ Von Herzen wird schließlich auch derjenige in diese Worte einstimmen, dessen Arbeitsplatz wider Erwarten doch noch erhalten blieb.

Der „Kelch“ wird in dieser Redewendung als Symbol für „Leid“ und „Unglück“ gebraucht. Der biblische Ursprung für diese Verwendung ist in der Passionsgeschichte, in der Leidensgeschichte Jesu, zu suchen, die uns in den vier Evangelien überliefert ist. So berichtet der Evangelist Matthäus (Kapitel 26, 36 - 39) davon, dass Jesus, nachdem er mit seinen Jüngern das letzte Abendmahl gefeiert

hatte, im Garten Gethsemane mit Gott darum gerungen habe, dass ihm das Todesgeschick erspart bliebe. Dieser Garten Gethsemane, was übersetzt „Ölkelter" heißt, war im Osten Jerusalems am Fuß des Ölberges gelegen. Dort also ringt Jesus mit Gott um sein Geschick. Wörtlich lesen wir dann bei Matthäus in Vers 39: „Mein Vater ist´s möglich, so gehe dieser Kelch an mir vorüber; doch nicht, wie ich will, sondern wie du willst." Jesus bittet also Gott darum, dass ihm der Kelch des Todes erspart bleibt. Zugleich ergibt er sich aber dem Willen seines Vaters mit den Worten: „Doch nicht, wie ich will, sondern, wie du willst."
Unsere Redewendung geht also ursprünglich auf den „Kelch" als Symbol für das Leiden und Sterben Christi zurück.

# Der Prophet gilt nichts in seinem Vaterlande

Die Erfahrung, dass der Prophet nichts in seinem Vaterland gilt, hat schon mancher machen müssen. Gemeint ist mit dieser Redewendung, dass jemand überall eher Geltung erlangen kann als da, wo er zu Hause ist. Viele Künstler oder aber auch Wissenschaftler könnten durch ihren Lebenslauf den Wahrheitsgehalt dieser Redewendung belegen. Oft waren sie im Ausland schon längst zu „Stars" ge-

worden, bevor sie, wenn überhaupt, im eigenen „Vaterland“ anerkannt und gefeiert wurden.
Die Ursache für diese Missachtung durch die unmittelbare Umgebung mag sicherlich auch damit zusammenhängen, dass „man“ denjenigen oder diejenige, die da groß herauskommen, auch als „ganz klein“ kannte. Und dies „ganz klein“ ist dabei im wörtlichen wie im übertragenen Sinn zu verstehen. Wer seinen Nachbarn „ewige Zeiten“ als Kfz-Mechaniker August Hebermann kannte, dem wird es eben schwer, ihn jetzt als umjubelten Schlager-Star Tino de Caprivi zu bewundern. Dass der Prophet nichts in seinem Vaterland gilt, dürfte also auch mit allzu Menschlichem zu tun haben.
Die biblische Herkunft dieser Redewendung ist in diesem Fall einfach und direkt. Und so sei der entsprechende Abschnitt aus dem Matthäus- Evangelium (Kapitel 13, Vers 53 -58) hier kommentarlos wiedergegeben: „Und es begab sich, als Jesus diese Gleichnisse vollendet hatte, dass er davonging und kam in seine Vaterstadt und lehrte sie in ihrer Synagoge, so dass sie sich entsetzten und fragten: Woher hat dieser solche Weisheit und solche Taten? Ist er nicht der Sohn des Zimmermanns? Heißt nicht seine Mutter Maria und seine Brüder Jakobus und Josef und Simon und Judas? Und seine Schwestern, sind sie nicht alle bei uns? Woher kommt ihm denn alles? Und sie ärgerten sich an ihm. Jesus aber sprach zu ihnen: Ein Prophet gilt nirgends weniger als in seinem Vaterland und in seinem Haus. Und er tat dort nicht viele Zeichen wegen ihres Unglaubens.“

# Eine Hiobsbotschaft

„Ich habe eine gute Nachricht für Sie“ – wer von uns hört solch Worte nicht gern! Nun gehört zum Leben freilich auch die Erfahrung, dass schlechte Nachrichten mindestens so häufig wie gute Nachrichten zu sein scheinen. Und wenn man an die Nachrichten im Radio oder Fernsehen denkt, dann könnte man meinen, dass es beinahe nur noch Unheilvolles zu vermelden gäbe. Ganz schlimme Nachrichten, die Menschen besonders schwer treffen, werden dabei als Hiobs-Botschaften bezeichnet.

Dem Menschen, dem diese Botschaften ihren Namen verdanken, ist in der Bibel im Alten Testament ein ganzes Buch gewidmet, das auch seinen Namen trägt. Hiob, so erfährt der Leser da gleich zu Beginn (Kapitel 1, Vers 1), war ein frommer und gottesfürchtiger Mann. Und weil Gott davon überzeugt war, dass Hiob unter keinen Umständen von ihm abfallen würde, lässt Gott den Hiob vom Teufel auf die Probe stellen. Und so trifft ein Bote nach dem anderen bei Hiob ein - mit immer niederschmetternderen Nachrichten(Kapitel 1, Verse 13 - 19). Am Ende steht Hiob vor dem Nichts. Er hat all sein Hab und Gut und auch seine ganze Familie verloren. Aber trotz aller entsetzlichen Geschehnisse, von denen Hiob heimgesucht wurde, lässt er seinen Gott nicht los und spricht (Kapitel 1, Vers 21): „Ich bin nackt von meiner Mutter Leibe gekommen, nackt werde ich wieder dahin-

fahren. Der Herr hat's gegeben, der Herr hat's genommen; der Name des Herrn sei gelobt."
Angesichts von Hiobsbotschaften solche Worte zu finden, kann man sich nur für sich selber wünschen.

# Der Balken im eigenen Auge

Wenn jemand hellsichtig ist für die Fehler anderer Menschen und blind gegenüber seinen eigenen, dann sieht er den Splitter im fremden Auge, aber nicht den Balken im eigenen Auge. Auch uns selbst dürfte das gar nicht so selten passieren, dass wir etwa unsere Kinder dafür kritisieren, dass sie eine halbe Stunde zu spät nach Hause gekommen sind – und wir selbst haben eine Verabredung zum gemeinsamen Kino-Besuch mit ihnen völlig vergessen. Dass unsere Kinder uns dann den Balken in unserem eigenen Auge nachdrücklich widerspiegeln, ist da nur zu verständlich.
Diese Redewendung stammt aus der „Bergpredigt" Jesu (Matthäus-Evangelium, Kapitel 5 - 7). Diese Kapitel enthalten konkrete Anweisungen für ein Leben, das dem Willen Gottes entspricht. Vom Beten und der Feindesliebe ist dabei unter anderem ebenso die Rede wie vom Richten über andere Menschen. In diesem Zusammenhang begegnen auch die Worte vom „Splitter und Balken", durch die Christus die Menschen anleiten möchte, so

barmherzig miteinander umzugehen wie Gott, der Vater, es mit seinen Menschen-Kindern tut.
Der entsprechende Abschnitt aus der „Bergpredigt“, die ihren Namen nach Matthäus 5, 1 trägt (Als Jesus das Volk sah, ging er auf einen Berg ...und lehrte sie), lautet so (Matthäus 7, 1 - 5): „Richtet nicht, damit ihr nicht gerichtet werdet, denn nach welchem Recht ihr richtet, werdet ihr gerichtet werden; und mit welchem Maß ihr messt, wird euch zugemessen werden. Was siehst du aber den Splitter in deines Bruders Auge und nimmst nicht wahr den Balken in deinem Auge. Oder wie kannst du sagen zu deinem Bruder: halt, ich will dir den Splitter aus deinem Auge ziehen?, und siehe, ein Balken ist in deinem Auge. Du Heuchler, zieh zuerst den Balken aus deinem Auge; danach sieh zu, wie du den Splitter aus deines Bruders Auge ziehst.“

# Mit Engelszungen reden

Einen anderen Menschen von etwas zu überzeugen, ist oft gar nicht leicht. Nicht nur Kinder haben oft ihren eigenen Kopf. Auch für Erwachsene, Männer wie Frauen gilt das. Und das ist sicherlich kein Schade. Wohl aber kann es gelegentlich beschwerlich werden, wenn jemand sich jeglichen Argumenten gegenüber verschließt. Manch Familien-Krach nimmt so seinen Lauf. Etwa dann,

wenn die Tochter oder der Sohn partout nicht davon zu überzeugen sind, dass sie ihren Schulabschluss unbedingt machen sollten, weil sich sonst ihre Berufsaussichten erheblich verschlechtern würden. Mit Engelszungen, so wird dann anschließend gesagt, habe man da auf den oder die Betreffenden eingeredet. Doch vergebens.
Wer von sich sagt, er habe nicht nur mit Menschen, sondern mit Engelszungen geredet, will damit ausdrücken, dass er nach all seinen Kräften und Möglichkeiten bemüht war, jemanden zu überzeugen. Seinen Ursprung hat diese Redewendung im sogenannten „Hohen Lied der Liebe", das im 1. Korintherbrief, Kapitel 13, Vers 1 - 13 steht. Dort schreibt der Apostel Paulus gleich zu Beginn: „Wenn ich mit Menschen - und mit Engelzungen redete und hätte die Liebe nicht, so wäre ich ein tönendes Erz oder eine klingende Schelle."
Ohne die Liebe, verstanden als eine Gnadengabe Gottes, ist laut Paulus all das, was wir reden, lediglich ein leeres Wortgeklingel - mag es auch noch so gut gemeint sein. Erst von jener Liebe, durch die wir Menschen die von Gott empfangene Liebe weitergeben, kann gelten, was Paulus über sie zum Schluss seines „Hohen Liedes" sagt: „Nun aber bleiben Glaube, Hoffnung, Liebe, diese drei; die Liebe aber ist die größte unter ihnen."

August 2011

# Geben ist seliger als nehmen

Mit anderen zu teilen, muss der Mensch erst lernen. Von sich aus denkt er lieber erst einmal an sich als an andere. Eltern haben da oft ihre liebe Mühe, ihren Kindern zu vermitteln, dass man bei allem nicht nur sich selbst vor Augen haben darf. „Du musst deinem Bruder, deiner Schwester aber auch etwas abgeben“ - so lautet deshalb bei entsprechenden Gelegenheiten eine nie verstummende Aufforderung von Mutter oder Vater. Und wenn die Erziehung an diesem Punkte Früchte trägt, vielleicht auch noch unterstützt durch von den Kindern in der Schule oder im Kindergottesdienst gewonnene Erkenntnisse, dann kann man vielleicht, wie Bekannten geschehen, folgendes erleben. Da kommt dann die achtjährige Tochter aus der Schule mit einer großen Tafel Schokolade, die sie dort bei einer Rate-Runde gewonnen hat. Natürlich wird dieser Preis daheim entsprechend präsentiert. Und natürlich richten sich die Augen ihres kleineren dreijährigen Bruders unverwandt auf diese Leckerei. „Auch haben, auch haben“ tut der Kleine wieder und wieder sein Begehren kund. Und schließlich bricht ihm seine Schwester auch ein Stück von der Schokolade ab. Nicht ohne dabei freilich mit der ganzen Einsicht der erwachsenen großen Schwester hinzuzufügen: „Na ja, geben ist schließlich besser als nehmen. Stimmt doch Mama, nicht?“ Nicht nur die Mama wird diesem Satz zugestimmt haben. Auch der Apostel Paulus würde es getan haben. Denn von ihm stammt dieser sprichwörtlich gewordene Satz. Er findet sich in der Apostelgeschichte, in der vor allem die drei Missionsreisen des Paulus beschrieben sind. In einer seiner Reden weist Paulus da ausdrücklich darauf hin, dass er nie auf Kosten anderer gelebt hat. Wörtlich heißt es dann in der Apostelgeschichte 20, 34 + 35: „Denn ihr wisst selber, dass mir diese Hände zum Unterhalt gedient haben für mich und die, die mit mir gewesen sind. Ich habe euch in allem gezeigt, dass man so arbeiten und sich der Schwachen annehmen muss im Gedenken an das Wort des Herrn Jesus, der selbst gesagt hat: Geben ist seliger als nehmen."

Genau genommen geht unsere Redewendung also nicht auf Paulus, sondern auf Jesus selbst zurück, den Paulus in unserem Text zitiert. Freilich findet sich dieses Jesus-Wort in keinem der Evangelien. Vielleicht ist es in mündlicher Überlieferung zu Paulus gelangt. In jedem Fall spiegelt diese Redewendung inhaltlich die in den Evangelien bezeugte Botschaft Jesu wider.

# Von Pontius zu Pilatus

Manchmal ist es wirklich beinahe zum Verzweifeln. Da möchte man, wie man meint, nur einen ganz stinknormalen Pullover kaufen. Aber nirgendwo ist einer in der Farbe, die man sich vorstellt, zu bekommen. Von einem Geschäft wird man in das nächste geschickt. „Versuchen Sie es doch vielleicht da einmal“, wird einem immer wieder gesagt. Schließlich ist man es leid. Man kehrt unverrichteter Dinge wieder nach Hause zurück. Und auf entsprechende Vorhaltungen, dass man nicht ausdauernd genug gewesen sei, pflegen wir nicht selten zu antworten: „Ich habe mir wirklich Mühe gegeben. Ich bin von Pontius zu Pilatus gelaufen, um so einen Pullover zu bekommen.“

Wenn man sich diese Redewendung einmal genauer betrachtet, merkt man, dass man da eigentlich Unsinn redet, denn bei Pontius Pilatus handelt es sich ja nicht um zwei Personen, von denen die eine Pontius und die andere Pilatus hieße. Nein, Pontius Pilatus ist ein und dieselbe Person.

Christen kennen sie alle aus dem sogenannten Credo, dem Glaubensbekenntnis, das in jedem Gottesdienst gesprochen wird. In ihm heißt es von Christus: „Gelitten unter Pontius Pilatus, gekreuzigt, gestorben und begraben.“ Dieser Pontius Pilatus war zur Zeit Jesu römischer Statthalter in Palästina. Die Juden hatten deshalb nicht die Vollmacht, das von ihnen geforderte Todesurteil an Jesus zu vollstrecken. Dazu benötigten sie Pontius Pilatus, der als Statthalter die römische Gerichtsgewalt vertrat. Damit geriet Pilatus aber in ein Dilemma. Zum einen wollte er Jesus nicht verurteilen, zum anderen wollte er es sich aber auch nicht mit den Juden verderben. Ein Ausweg bot sich Pilatus dadurch an, dass Jesus seinen „letzten festen

Wohnsitz“ in Galiläa hatte. In Galiläa war aber nicht Pilatus, sondern der König Herodes Antipas für die Rechtsprechung zuständig. Herodes befand sich auch gerade wegen des bevorstehenden Passafestes in Jerusalem. Deshalb wurde Jesus von Pilatus zu Herodes geschickt. Dieser ließ ihn aber lediglich verspotten und sandte ihn wieder zu Pilatus zurück, der Christus dann auch schließlich zum Tode verurteilte.
Aus diesem Hin- und Herschicken Jesu von Pilatus zu Herodes und von Herodes zu Pilatus leitet sich also die Redewendung „Von Pontius zu Pilatus“ ab, die eigentlich „Von Pontius zu Herodes“ lauten müsste.

# Nun hat die liebe Seele Ruh´

Es ist manchmal schon abenteuerlich, was Menschen sich so alles in den Kopf setzen können. Der eine möchte unbedingt, wie zu lesen war, einmal eine Bierflaschen-Sammlung mit Tausenden von Exemplaren sein eigen nennen. Und so ist er unablässig unterwegs auf Entdecker-Tour. Die andere hat keinen größeren Wunsch, als endlich einmal den größten Kürbis der Region in ihrem Garten präsentieren zu können. Kein Aufwand wird da gescheut, um dieses Ziel zu erreichen. Ob nun aber Bierflasche oder Kürbis: Zufriedenheit stellt sich nicht eher ein, bis das ersehnte Ziel auch wirklich erreicht ist. Erst dann kann und darf gelten: Nun hat die liebe Seele endlich Ruh'.

Am Ziel seiner Wünsche wähnte sich auch jener Mann, in dessen Mund sich diese Redewendung erstmals findet. Von diesem Mann berichtet der Evangelist Lukas im Gleichnis vom reichen Kornbauer (Kapitel 12, Vers 16 - 21), dass er eine ausgesprochen gute Ernte gehabt hatte. So plant der Bauer die alten Scheunen abzureißen, um neue, größere zu bauen. Wörtlich heißt es dann weiter: „Und ich will sagen zu meiner Seele: Liebe Seele, du hast einen großen Vorrat für viele Jahre; habe nun Ruh, iss, trink und habe guten Mut!"

Hier also hat unsere Redewendung von der lieben Seele, die endlich Ruh hat, ihren biblischen Ursprung. Freilich, die liebe Seele unseres reichen, selbstzufriedenen Kornbauers findet in unserem Gleichnis dann doch nicht die genussvolle Ruhe, die er sich erhoffte. Er stirbt plötzlich. Und das nicht deshalb, weil Gott dem Menschen nicht Erfüllung und Zufriedenheit gönnen würde. Vielmehr, so die Aussage des Gleichnisses, hat die Seele erst dann ihre Ruh', wo sie bei Gott ihr Zuhause findet und ihn als den Geber aller guten Gaben ehrt.

# Ein Buch mit sieben Siegeln

Wenn uns etwas oder jemand ein Rätsel bleibt, dann ist er oder es für uns ein Buch mit sieben Siegeln. So bleibt etwa für Menschen, die keine Fußball-Fans sind, die Abseits-Regel für immer etwas, was sie nicht verstehen werden, eben ein Buch mit sieben Siegeln. Aber auch für manch einen Zeitgenossen, zu dem wir einfach keinen Zugang finden, gilt, dass er für uns ein Buch mit sieben Siegeln bleibt. Und schließlich würde wohl so manch einer auch von Sachgebieten wie der Mathematik oder Physik sagen, dass diese für ihn für immer ein Buch mit sieben Siegeln bleiben werden.

Das Siegel als Mittel, etwas zu verschließen, ist auch heute noch, wenn auch nicht mehr alltäglich, so doch noch bekannt. So weiß der versierte Krimi-Zuschauer beziehungsweise Krimi-Leser darum, dass die Tür zu einem Tatort versiegelt wird. Wer etwas versiegelt, der macht das Versiegelte damit also erst einmal für die Allgemeinheit unzugänglich. Ein Buch mit sieben Siegeln ist dementsprechend etwas, was für die allgemeine Öffentlichkeit nur sehr schwer zugänglich ist, müssen doch zuvor sieben Siegel erbrochen werden.

Die Bibelstelle, auf die diese Redewendung zurückgeht, findet sich im letzten Buch der Bibel, dem Buch der Offenbarung des Johannes. Mit einem griechischen Wort wird diese auch als Apokalypse des Johannes bezeichnet. Im fünften Kapitel findet sich in den Versen 1- 3 der folgende Text:

„Und ich sah in der rechten Hand dessen, der auf dem Thron saß, ein Buch, beschrieben innen und außen, versiegelt mit sieben Siegeln. Und ich sah einen starken Engel, der rief mit großer Stimme: Wer ist würdig, das Buch aufzutun und seine Siegel zu brechen? Und niemand, weder im Himmel noch auf Erden noch unter der Erde, konnte das Buch auftun und hineinsehen."

# Ein Wolf im Schafspelz

Das Vertrauen ist die Mutter wahren menschlichen Zusammenlebens. Ohne dem verkommt unser Miteinander zu einem System der Kontrolle und Verdächtigungen. Das gilt im Kleinen wie im Großen, in der Familie genauso wie im Staat. Wenn Kinder kein Vertrauen in ihre Eltern haben und umgekehrt, dann wird es kein Miteinander, sondern bestenfalls ein Nebeneinander, wenn nicht ein Gegeneinander geben. Und auch für das Verhältnis Bürger-Staat gilt, dass ein Staat, der seinen Bürgern misstraut, zum „Big Brother" wird, der sie auf Schritt und Tritt überwacht.

Doch so unerlässlich das Vertrauen für unser Leben ist, so unbestreitbar ist nun freilich auch die Erfahrung, dass Vertrauen missbraucht werden kann. Die Ursache dafür kann bisweilen bei uns selbst liegen, weil wir einfach zu leichtgläubig waren. Manch Geschäft an der Wohnungstür „verdankt" sich solch Vertrauensseligkeit. Aber auch ein durch lange Jahre bewährtes und gerechtfertigtes Vertrauen kann urplötzlich enttäuscht werden. „In Wahrheit war dieser Mensch gar nicht der, für den wir ihn hielten" - so sagen wir dann. Und nicht selten fallen in diesem Zusammenhang die Worte vom „Wolf im Schafspelz". Es kann übrigens durchaus auch einmal eine „Wölfin im Schafspelz" gewesen sein.

Vor Menschen, die nicht das sind, was sie zu sein vorgeben, will auch derjenige warnen, auf den diese Redewendung zurückgeht. Es ist Jesus, der in seiner sogenannten Bergpredigt dazu aufruft, sich vor „falschen Propheten" zu hüten. Er tut das mit den Worten (Matthäus 7, 15): „Seht euch vor vor den falschen Propheten, die in Schafskleidern zu euch kommen, inwendig aber sind sie reißende Wölfe." Und einen Ratschlag, wie man sich vor diesen „Wölfen im Schafspelz" schützen kann, hat Jesus auch sogleich parat: „An ihren Früchten sollt ihr sie erkennen" (Matthäus 7, 16). Nun ist dies sicherlich ein beherzigenswerter Hinweis, einen Menschen vor allem nach seinen Tun zu beurteilen – wenngleich bisweilen manch „faules Früchtchen" durchaus auch schon einmal gute Früchte hervorgebracht hat.

In jedem Fall bliebe festzuhalten, dass unsere Redewendung ursprünglich solche Menschen im Blick hatte, die sich als „fromme Schafe" in die Schar der Gläubigen einschleichen, um sie vom wahren Glauben abzubringen. Heute bezeichnen wir mit dieser Redewendung ganz allgemein Menschen, die nicht so harmlos sind, wie sie sich den Anschein geben.

# Nicht der wahre Jakob

Kinder können Eltern Löcher in den Bauch fragen. Aber das müssen sie auch. Denn wie singen die Sesamstraßen-Kinder immer so schön: „Wer nicht fragt, bleibt dumm." Ja, und so hörte ich unlängst einen kleinen Steppke seinen Vater fragen: „Sag mal, Papa, warum sagst du eigentlich immer: ‚Das ist nicht der wahre Jakob?' Warum sagst Du nicht: ‚Das ist nicht der wahre Werner' oder ‚Das ist nicht der wahre Kevin'?"
Ich weiß nicht, wie viele Väter durch solch eine Frage in Verlegenheit gebracht werden könnten. Um solcher Verlegenheit in jedem Fall ein wenig vorbeugen zu können, dazu mögen die nachfolgenden Ausführungen ein wenig behilflich sein.
Zunächst wäre da einmal festzustellen, dass mit den Worten „Das war nicht der wahre Jakob" jemand zum Ausdruck bringen will, dass eine Sache nicht seinen Vorstellungen entsprochen hat beziehungsweise entspricht. Wer etwa seinen Urlaub auf Mallorca nur im Regen verbringen musste, der wird das nicht als „den wahren Jakob" erlebt haben. Und schwerlich als „wahren Jakob" wird es eine Frau ansehen, wenn ihr Mann ihr zum Ge-

burtstag zum xten Mal das gleiche Geschenk macht.
Die Redewendung vom „wahren Jakob“ geht auf die biblische Geschichte von Jakob und Esau zurück, die im 1. Buch Mose, Kapitel 27 steht. Dort wird davon berichtet, dass Jakob sich mit Hilfe seiner Mutter Rebekka den Erstgeburtssegen von seinem Vater Isaak auf betrügerische Weise erschleicht. Um Isaak, der im Alter erblindete, vorzugaukeln, sein erstgeborener Sohn Esau stünde zum Segen vor ihm, musste sich Jakob „verkleiden“. Im Gegensatz zum kräftig behaarten Esau war Jakob nämlich eher zart „besaitet“. „Die Felle von den Böcklein tat Rebekka dem Jakob um seine Hände und wo er glatt war am Hals“, so heißt es an entsprechender Stelle in unserem Text (Vers 16). Und so tritt Jakob vor seinen erblindeten Vater Isaak. Dieser tastet dann zwar den da vor ihm Stehenden ab. Wegen seiner Blindheit und des listigen Täuschungsmanövers der Rebekka wird Isaak aber nicht gewahr, dass da nicht der „wahre Jakob“, sondern der als Esau verkleidete Jakob vor ihm steht. Und so erhält Jakob, der von Isaak für Esau gehalten wird, den Erstgeburtssegen.
Von dieser Verkleidung des „wahren Jakob“ als Esau leitet sich also die bis heute gebräuchliche Redewendung ab.

# Da kräht kein Hahn nach

Gleichgültigkeit tötet. Bisweilen im wahrsten Sinne des Wortes, wenn lieber weg- als hingeschaut wird. Und von denen, die da unbeachtet auf der Strecke geblieben sind, heißt es dann anschließend nicht selten: „Nach denen kräht doch kein Hahn." Menschen oder Ereignisse, nach denen kein Hahn kräht, sind demnach von so geringer Bedeutung, dass man sich nicht um sie kümmern muss. Im Umkehrschluss würde gelten: wenn der Hahn kräht, dann macht er damit auf ein ganz besonderes Ereignis oder eine ganz besondere Person aufmerksam. Jener Hahn, auf den sehr wahrscheinlich unsere Redewendung zurückgeht, ist Bestandteil der Passionsgeschichte Jesu.

Mit seinem Krähen machte er dabei auf etwas aufmerksam, was Christus einem seiner Jünger, Petrus, zuvor angekündigt hatte. Vollmundig hatte Petrus zwar seine unverbrüchliche Treue zu Christus erklärt: „Und wenn ich mit dir sterben müsste, will ich dich nicht verleugnen" (Matthäus 26, 35). Christus aber hatte ihm prophezeit: „In dieser Nacht, ehe der Hahn kräht, wirst du mich dreimal verleugnen" (Matthäus 26, 34).

Und in der Tat erfüllt sich die Ankündigung Jesu. Dreimal verleugnet Petrus gegenüber anderen Menschen, dass er zu Christus gehört. „Da fing Petrus an, sich zu verfluchen und zu schwören: Ich kenne den Mann nicht. Und alsbald krähte der Hahn. Da dachte Petrus an das Wort, das Jesus zu

ihm gesagt hatte: Ehe der Hahn kräht, wirst du mich dreimal verleugnen“ (Matthäus 26, 74 + 75). Nach Petrus krähte also durchaus der Hahn, weil sein Tun Aufmerksamkeit verdiente. Das Krähen des Hahnes machte somit auf eine bedeutsame und schwer wiegende Tat aufmerksam: der Verleugnung Christi durch Petrus. Mangelt es hingegen einem Ereignis oder einer Person an Bedeutung, dann kümmert sich kein Mensch darum: Es kräht kein Hahn danach.
Übrigens: Auch die Hähne auf den Kirchtürmen, die zugleich als Symbol der Wachsamkeit gelten, erinnern an die Verleugnung Christi durch Petrus. Aber wie für Petrus gilt auch für den Menschen heute: Gott behaftet ihn nicht für immer bei seiner Schuld, sondern schenkt Vergebung und eröffnet so neues Leben. Und so wird derselbe Petrus, der seinen Herrn verleugnete, vom auferstandenen Christus beauftragt: „Weide meine Schafe“ (Johannes 21, 17).

# Einen Denkzettel verpassen

Ich sehe sein Gesicht noch vor mir. Die Schadenfreude spiegelte sich darin ganz unverhohlen. Und dann platzte es auch schon aus ihm heraus. „Na, dem Ludwig habe ich einen Denkzettel verpasst, an den er sich noch lange erinnern wird.“
Solch Denkzettel, mit denen wir anderen Menschen eine Lehre erteilen wollen, bestehen heute in

der Regel nur selten aus Papier, auf dem dann entsprechend Bedenkenswertes aufgeschrieben wäre. Für die Denkzettel, auf die unsere Redewendung zurückgeht, gilt freilich genau dies.

Denkzettel hatten ihren ursprünglichen Sitz im Leben nämlich im jüdischen Gebetsritual, das sich in nachexilischer Zeit (6. Jahrhundert vor Christus) herausbildete. Der Untergang des Volkes Israel war damals von den Israeliten als Strafe Gottes für den Abfall der Israeliten von Gott gedeutet worden. Nach dem Exil in Babylon wollten die Israeliten deshalb nicht wieder rückfällig werden. Und so pflegten sie beim Gebet zwei Riemen zu tragen, die zwei lederne Kapsel halten; eine an der Stirn, eine am Arm. Und diese Kapseln enthalten nun die besagten „Denkzettel". Das sind Pergamentsstreifen, auf denen biblische Texte wie dieser stehen. „Höre, Israel, der Herr ist unser Gott, der Herr allein. Und du sollst den Herrn, deinen Gott, liebhaben von ganzem Herzen, von ganzer Seele und mit all deiner Kraft" (5. Buch Mose Kapitel 6, Vers 4).

Diese „Denkzettel" sollten für die Israeliten also eine Gedächtnisstütze sein, um den Willen Gottes zu erfüllen. Die entsprechenden Anweisungen zum Tragen dieser Gebetsriemen nebst „Denkzetteln" finden sich mehrfach in der Bibel, so zum Beispiel im 5. Buch Mose, Kapitel 6, Vers 8, wo es heißt: „Und du sollst sie binden zum Zeichen auf deine Hand und sie sollen dir ein Merkzeichen zwischen deinen Augen sein." In der ursprüng-

lichen Luther - Übersetzung soll gestanden haben: „Und sie sollen dir ein Denkzettel vor deinen Augen sein."
Denkzettel, die in dieser jüdischen Tradition stehen, wären sicherlich christlicher als jene, die wir uns heute gern verpassen.

# Vom Saulus zum Paulus werden

Wenn jemand ein „Damaskus - Erlebnis" hatte, dann kann er vom „Saulus zum Paulus" geworden sein, weil es ihm „wie Schuppen von den Augen fiel".
Gemeint ist mit diesen Redewendungen, dass ein Mensch auf Grund eines für ihn einschneidenden (Damaskus-) Erlebnisses seine bisherige Einstellung schlagartig völlig ändert (vom Saulus zum Paulus wird) und zu ganz neuen Einsichten für sein Leben kommt, weil es ihm wie „Schuppen von den Augen fiel".
Alle drei Redewendungen begegnen in ein und derselben biblischen Geschichte. Sie steht im Neuen Testament im 9. Kapitel der Apostelgeschichte und berichtet von der Bekehrung des Saulus.
Als Jude war dieser aus Tarsus (heutige Türkei) gebürtige Mann, dessen hebräisch/aramäischer Name Saul lautete, ein eifriger Verfolger der Jesus - An-

hänger, der Christen also. Durch sein Damaskus-Erlebnis wurde aus diesem Christenverfolger Saulus jener Paulus, der als größter Missionar der Christenheit die Grundlagen für deren weltweite Ausbreitung legte. Die Apostelgeschichte schildert das entsprechende Erlebnis wie folgt (Kapitel 9, 3 - 5): „Als Saulus aber auf dem Wege war und in die Nähe von Damaskus kam, umleuchtete ihn plötzlich ein Licht vom Himmel; und er fiel auf die Erde und hörte eine Stimme, die sprach zu ihm: Saul, Saul, was verfolgst du mich? Er aber sprach: Herr, wer bist du? Der sprach: Ich bin Jesus, den du verfolgst." Saulus, der anschließend - als Ausdruck seiner bisherigen inneren Verblendung gegenüber der christlichen Wahrheit - zunächst erblindet, kommt durch die „Geisttaufe" des Hananias zur Erkenntnis, dass Jesus der „Sohn Gottes" sei.

Mit dieser vom Heiligen Geist bewirkten inneren Erleuchtung ging auch die äußere „Erleuchtung" einher, die ihn wieder sehend machte. Die Apostelgeschichte beschreibt diesen Vorgang mit den sprichwörtlich gewordenen Worten (Kapitel 9, 18): „Und sogleich fiel es von seinen Augen wie Schuppen, und er wurde wieder sehend; und er stand auf, ließ sich taufen und nahm Speise zu sich und stärkte sich."

# Die Ersten werden die Letzten sein

Diese Situation kennt man. Da steht man im Kaufhaus oder im Supermarkt in der Schlange an der Kasse. Endloses Warten. Endlich nur noch einer vor mir. Geschafft! Denkste! Kommt da doch jetzt von der Kassiererin der freundliche, aber bestimmte Hinweis: „Diese Kasse schließt jetzt, bitte benutzen Sie die gegenüberliegende." Mit nicht ganz druckreifen Worten eilt man zur nächsten Kasse, um dort festzustellen, dass da schon längst die angekommen sind, die eben noch weit hinter einem standen. Und der schadenfrohe Kommentar eines ehedem weit abgeschlagenen Mit-Schlangenstehers trägt da auch nicht gerade zur Anhebung der Gemütslage bei. Ruft der einem da doch jetzt hinreichend schadenfroh zu: „Tja, die Ersten werden die Letzten sein."

Um diese Umkehrung der Verhältnisse geht es durchaus auch in jenem biblischen Text, aus dem diese Redewendung stammt. Es handelt sich dabei um das Gleichnis von den „Arbeitern im Weinberg" (Matthäus, Kapitel 20, Verse 1-16). In diesem Text berichtet Jesus von Arbeitern, die unterschiedlich lange in diesem Weinberg arbeiten. Die ersten werden schon ganz früh am Morgen „eingestellt", die letzten sozusagen erst gegen „Torесschluss". Als es dann an die Lohnauszahlung geht, beginnt man mit denen, die zuletzt die Arbeit auf-

nahmen. Schließlich kommen auch die dran, die als erste ihr Tagewerk begonnen haben. Als diese denselben Lohn empfangen wie die, die nur noch eine Stunde gearbeitet haben, protestieren sie lautstark. Doch ihr Protest geht ins Leere, denn mit ihnen war kein anderer Lohn vereinbart worden als mit denen, die nur eine Stunde im Weinberg arbeiteten. Dieses Gleichnis Jesu will zum einen deutlich machen, dass im Reich Gottes andere Maßstäbe gelten als sonst. Deshalb endet das Gleichnis auch mit den Worten: „So werden die Letzten die Ersten und die Ersten die Letzten sein."
Zum anderen will dieser Text deutlich machen, dass sich niemand von der Güte Gottes ausgeschlossen fühlen muss. Letzte wie erste können seiner Gnade und Barmherzigkeit teilhaftig werden.

# Unter aller Kanone

Wer bescheinigt bekommt, seine Leistung sei „unter aller Kanone" gewesen, der wird diese Worte kaum als Kompliment verstehen. Vielmehr umschreibt diese Redewendung eine Leistung oder ein Verhalten, das so schlecht war, dass man es kaum noch richtig in Worte fassen konnte. „Unter aller Kanone" - mit solch einem vernichtenden Urteil kann das Spiel einer Fußball-Mannschaft ebenso bedacht werden wie die Kleidung eines

Filmstars oder aber auch die Klassenarbeit des Sohnes beziehungsweise der Tochter.
Wer nun vermutet, diese Redewendung habe ihre Wurzel im Militärischen, läge damit voll daneben. „Unter aller Kanone“ entspricht nämlich dem lateinischen „sub omni canone“. Das bedeutet soviel wie „unter jedem Kanon/Maßstab“. Das Wort „Kanon“ geht dabei auf einen hebräischen Ausdruck zurück. Dieser bezeichnete ursprünglich ein Schilfrohr, das als Maßstab, als Messlatte diente. In diesem Sinne kommt das Wort in der Bibel öfter vor. So etwa auch beim Propheten Ezechiel, wo es im Kapitel 40, Vers 5, heißt: „Der Mann hatte die Messrute in der Hand.“
Wenn etwas unter aller Kanone ist, dann ist es also so schlecht, dass es sich jeder Messbarkeit, jeder Messlatte entzieht. Der in diesem Sinne gebrauchte Begriff „Kanon“ = Maßstab ist heute nicht zuletzt durch den „Literatur-Papst“ Marcel-Reich-Ranicki in vieler Munde. In seinem „Bücher-Kanon“ sind jene Bücher aus der deutschen Literatur zusammengestellt, die Reich-Ranickis „Messlatte“ gerecht werden und deshalb seiner Meinung nach auch heute noch gelesen werden sollten.
Auch die Bibel selbst stellt solch einen „Kanon“ (Auswahl) von Büchern dar. Was von der umfangreichen schriftlichen Tradition des „Volkes Gottes“ als „biblisch“ gelten darf, das wurde in einem „Kanon“ von Büchern festgelegt, die sich jetzt in der Bibel finden. Freilich ist dieser „Kanon“ nicht in allen christlichen Kirchen identisch.

Was schließlich die militärische Kanone betrifft, so leitet sich deren Name vom italienischen „canna“ ab, was übersetzt „Rohr“ heißt.

## Seine Hände in Unschuld waschen

„Hast du auch nicht vergessen, dir die Hände zu waschen?“ Welches Kind hat diese Frage nicht hundertfach gehört - und oft innerlich mit einem Kopfschütteln verneint, obwohl der Mund die Frage bejahte. Auch Erwachsene stehen der reinigenden Kraft des Wassers nicht immer nur positiv gegenüber. Manch Zeitgenosse bietet dafür ein sichtbares und oft auch ruchbares Beispiel.

Als durchaus nicht wasserscheu erweist sich der Mensch, ob klein oder groß, freilich dann, wenn es darum geht, sozusagen Flecken von der ansonsten makellos weißen Unschulds-Weste zu entfernen. Da ist immer schnell eine Ausrede oder Ausflucht gefunden, die es uns erlaubt, unsere Hände in Unschuld zu waschen. Wer „seine Hände in Unschuld wäscht“, der will dann damit ausdrücken, dass er mit einer Sache nichts zu tun hat und deshalb jede Verantwortung ablehnt.

Hinter dieser Redewendung, für die es in der Bibel mehrere Belegstellen gibt (z. B. Psalm 26, 6), steht der jüdische Brauch, sich vor versammelten

Gericht die Hände zu waschen, um damit seine Unschuld zu dokumentieren (5. Buch Mose 21, 6). Der bekannteste biblische Vertreter, der seine Hände in dieser Weise in Unschuld wäscht, dürfte Pontius Pilatus sein. Pilatus war zur Zeit Jesu römischer Prokurator, also Statthalter von Judäa. In dieser Eigenschaft wirkt er an der Verurteilung Jesu mit, die mit dem Kreuzestod Christi endet. Von dieser Verantwortung für den Tod Christi will Pilatus sich aber nun öffentlich distanzieren. Der entsprechende Text findet sich in Matthäus 27, 23 und 24: „Er (Pilatus) aber sagte: Was hat er (Christus) denn Böses getan? Sie schrieen aber noch mehr: Lass ihn kreuzigen! Als aber Pilatus sah, dass er nichts ausrichtete, sondern das Getümmel immer größer wurde, nahm er Wasser und wusch sich die Hände vor dem Volk und sprach: Ich bin unschuldig an seinem Blut; seht ihr zu!“

# Wie in Abrahams Schoß

Vieles kann einem den Schlaf rauben. Die Sorge um die Kinder genauso wie die Angst vor dem Verlust der Arbeitsstelle oder auch ein bevorstehender Arztbesuch. Wenn dann alles gut überstanden ist, hören die Nächte auch wieder auf, Zeiten des quälenden Wachens zu sein. Und nach einer endlich wieder einmal nicht mehr durchwachten, sondern durchschlafenen Nacht, sagt so manch einer: „Ich habe geschlafen wie in Abrahams Schoß."

Wenn jemand von sich sagt, er habe sich „wie in Abrahams Schoß" gefühlt, dann will er damit zum Ausdruck bringen, dass er sich absolut sicher und geborgen gefühlt hat, weil ihm nichts Böses geschehen konnte.

Ihren Ursprung hat diese Redewendung im Lukas-Evangelium. Da heißt es in der Geschichte vom reichen Mann und armen Lazarus, die Jesus erzählt (Lukas 16, 19 - 31), in den Versen 19 - 22: „Es war aber ein reicher Mann, der kleidete sich in Purpur und kostbares Leinen und lebte alle Tage herrlich und in Freuden. Es war aber ein Armer mit Namen Lazarus, der lag vor seiner Tür voll von Geschwüren und begehrte, sich zu sättigen, was von des Reichen Tisch fiel; dazu kamen auch die Hunde und leckten seine Geschwüre. Es begab sich aber, dass der Arme starb, und er wurde von den Engeln getragen in Abrahams Schoß. Der Reiche aber starb auch und wurde begraben. Als er nun in der Hölle war, hob er seine Augen auf in seiner Qual und sah Abraham von ferne und Lazarus in seinem Schoß."

Nicht nur im Christentum, sondern auch im Judentum und im Islam gilt Abraham als „Stammvater des Glaubens", der bereit war, auf Gottes Verheißung hin, alles aufzugeben, um im Vertrauen auf Gott das „Wagnis des Glaubens" auf sich zu nehmen. (1. Mose 12, 1 - 3). In Abrahams Schoß dereinst nach dem Tod geborgen zu sein und mit ihm „im Himmelreich zu Tisch zu sitzen" (Matthäus 8, 11), das war Inbegriff erfüllter Hoffnung zur Zeit Jesu.

# Wer Wind sät, wird Sturm ernten

Nicht jeder Saat folgt eine Ernte. Dies gilt für die Felder der Natur ebenso wie für die des Lebens. Da kann man oft ackern, wie man will: bisweilen blickt man dann doch nur auf leere Hände statt auf gefüllte Scheunen. Freilich, manchmal erntet man auch da, wo man gar nicht gesät hat. Das mag für einen selbst vielleicht erfreulich sein. Für die, die säten, ist es meist weniger.

In jedem Falle unerfreulich ist aber für jeden die Erfahrung, eine Ernte einfahren zu müssen, auf die man nur zu gern verzichtet hätte. Ein unbedachtes, von uns schnell hingeworfenes Wort kann solch eine Windes-Saat gewesen sein, aus der ein Sturm der Entrüstung erwuchs. Ehe-Dramen pflegen nicht selten einen solchen Anfang zu nehmen. Doch ob nun Ehe- oder andere Dramen uns aus unbedachter Saat erwuchsen, ein Satz ist häufig dann zu hören, der unsere Verantwortung für das, was wir da auslösten, unmissverständlich feststellt: „Wer Wind sät, wird Sturm ernten."

Und in die Verantwortung für ihr Tun werden auch die Menschen genommen, auf die sich unsere heutige Redewendung ursprünglich bezieht: das Volk Israel. Im Buch des Propheten Hosea ( 8. Kapitel) hält der Gott Israels seinem Volk durch den Mund des Propheten vor, dass es seine Gebote übertritt (Vers 4): „Sie machen Könige, aber ohne mich; sie setzen Obere ein, und ich darf es nicht wissen. Aus ihrem Silber und Gold machen sie Götzen.“ Doch dieses gottlose, götzendienerische Tun des Volkes Israels, das die Ehre Gottes antastet, wird nicht ohne Folgen bleiben (Vers 7): „Sie säen Wind und werden Sturm ernten.“ Die Saat des gottvergessenen Handelns Israels zieht also, so kündigt es Gott seinem Volk durch den Propheten Hosea an, den Sturm des Gerichtes Gottes auf sich (Vers 14): „Israel vergisst seinen Schöpfer und baut Paläste, und Juda macht viele feste Städte; aber ich will Feuer in seine Städte senden, das soll seine Paläste verzehren.“

Doch so paradox es nun auch klingen mag: Hinter dem Gott, der hier seine Strafe über Israel ankündigt, steht letztlich dennoch der Gott, der sein Volk liebt und es nicht loslässt. Er möchte es zurückführen in die Gemeinschaft mit ihm - auch durch das Gericht. Gottes letztes Wort an uns Menschen ist also nicht das Nein seines Gerichtes, sondern das Ja seiner Liebe. Dafür ist Christus das unverbrüchliche Unterpfand. Auf ihn, Christus, dürfen wir schauen, wenn wir uns den auch uns geltenden Satz des Apostels Paulus zu Herzen nehmen (Galaterbrief, Kapitel 6, Vers 7): „Irret euch nicht, Gott lässt sich nicht spotten. Denn was der Mensch sät, das wird er ernten.“

# Unser Benjamin

Wenn uns eine Mutter oder ein Vater ihren Sohn mit den Worten vorstellt, das ist „unser Benjamin“, dann muss damit nicht gemeint sein, dass dieses Kind den Vornamen „Benjamin“ trägt. Vielmehr könnten die Eltern damit eher zum Ausdruck bringen wollen, dass es sich bei dem Kind um den „Benjamin in der Familie“, also um das jüngste Kind in der Familie handelt.

Dass man den Jüngsten in der Familie oder überhaupt in einer Gruppe von Menschen als „Benjamin“ bezeichnet, hat seinen biblischen Ursprung in den sogenannten „Erzvätergeschichten“. Damit sind jene Erzählungen des Alten Testaments gemeint, die Abraham, Isaak und Jakob zum Inhalt haben. Von Jakobs Frau, Rahel, wird im 1. Buch Mose 35, 16 - 18 berichtet, dass sie bei der Geburt ihres letzten und damit jüngsten Kindes starb: „Und sie brachen auf von Bethel. Und als es noch eine Strecke Weges war bis Efrata, da gebar Rahel. Und es kam sie hart an über der Geburt. Da ihr aber die Geburt so schwer wurde, sprach die Wehmutter zu ihr: Fürchte dich nicht, denn auch diesmal wirst du einen Sohn haben. Als ihr aber das Leben entwich und sie sterben musste, nannte sie ihn Ben-Oni (Sohn meines Unglücks), aber sein Vater Jakob nannte ihn Ben-Jamin (Sohn des Glücks).“

Benjamin ist also ursprünglich der Name des jüngsten Kindes der Rahel und des Jakobs. Insgesamt hatte Jakob, der als „Stammvater Israels“ gilt,

zwölf Söhne, von denen sich die zwölf Stämme Israels ableiten. Zu diesen zwölf Söhnen zählte auch Josef, dessen Lieblingsbruder Benjamin war.
Wer mehr über Josef und Benjamin beziehungsweise „Josef und seine Brüder“ erfahren möchte, der kann die „Abenteuer“ des Josefs in den Kapiteln 37 - 50 des 1. Buch Mose nachlesen oder zum gleichnamigen Roman von Thomas Mann greifen.

## Perlen vor die Säue werfen

Mit Geschenken ist das manchmal so eine Sache. Da hat man sich sowohl hinsichtlich der Auswahl wie auch des Preises die größte Mühe gegeben - und was ist das Ergebnis? Ein mehr als gequältes „Danke schön“ des Empfängers, untermalt von einem Gesicht, das diesen Dank Lügen straft. Als Geber einer solchen gar nicht so recht gewürdigten guten Gabe pflegt man dann oft mit einem nicht geringen Ingrimm in sich hineinzumurmeln: „Da habe ich mal wieder Perlen vor die Säue geworfen.“
Wer diese Redewendung gebraucht, der will damit also ausdrücken, dass er einem anderen Menschen etwas hat zukommen lassen, was dieser gar nicht recht zu schätzen und zu würdigen wusste. Wenn etwa ein Fußball-Fan jemandem, der von Fußball nichts versteht, eine Länderspiel-Karte schenkt, der wirft damit eindeutig Perlen vor die Säue. Und

selbiges gilt sicherlich auch für den Versuch, einen Vegetarier mit einem Rehbraten beglücken zu wollen.

Die literarische Quelle für diese Redewendung ist die „Bergpredigt“ Jesu im Matthäus-Evangelium (Kapitel 5 -7). In Matthäus 7, 6 sagt Jesus: „Ihr sollt das Heilige nicht den Hunden geben, und eure Perlen sollt ihr nicht vor die Säue werfen, damit die sie nicht zertreten mit ihren Füßen und sich umwenden und euch zerreißen.“

Zum Verständnis dieses Textes ist es wichtig zu wissen, dass zur Zeit Jesu die Heiden mit Hunden verglichen wurden und das Schwein für Juden als unreines, heidnisches Tier galt und gilt. Dieser Text könnte also so gedeutet werden, dass hier davor gewarnt wird, die Perle, das Evangelium also, vor die Säue, die Heiden, zu werfen. Im Hintergrund stände dabei die Vorstellung, dass sich Jesus ursprünglich vor allem zum Volke Israel gesandt wusste.

Ursprünglich hätte unsere Redewendung dann also davor warnen wollen, die kostbare Perle des Evangeliums nicht an Heiden zu verschwenden, die dieses Evangelium nur feindlich aufnehmen würden. Wenn diese Auslegung zutreffend ist, dann ist sie zumindest durch den Apostel Paulus widerlegt worden. Der sah seinen Auftrag nämlich vor allem darin, den Nicht-Juden, den Heiden also, die frohe Botschaft, das Evangelium, zu bringen und wurde so zum größten Missionar der Christenheit.

# Durch Mark und Bein gehen

Was ein Mensch als Wohl- oder Missklang empfindet, ist bisweilen höchst unterschiedlich. So wäre ein Konzert mit Stücken der Moderne für die einen Anlass zu einem ihnen gemäßen Ohren-Schmaus. Für andere wäre selbige Musik sicherlich ein Grund, fluchtartig den Saal zu verlassen. Entsprechendes würde sich umgekehrt sicherlich abspielen, wenn Klassik-Freunde statt auf Beethoven und Mozart auf die Hit-Parade der Volksmusik treffen würden. Mag also des Einen Ohr das als Musik wahrnehmen, was dem Anderen lediglich als Krach gilt, so hört die Unterschiedlichkeit der Hörempfindungen spätestens bei Presslufthämmern oder Düsenjägergeheul auf. Diese oft ohrenbetäubenden Geräusche gehen dann einem jeden durch und durch. Nun müssen freilich solch Mark und Bein durchdringenden Geräusche nicht immer in ohrverletzenden Dezibel-Höhen angesiedelt sein. Auch ein leises, herzzerreißendes Kinderschluchzen kann einem durch Mark und Bein gehen.

Weder von lauten noch von leisen durchdringenden Geräuschen ist nun freilich etwas in jenem Bibel-Text zu lesen, auf den diese Redewendung zurückgeht. Der spricht vielmehr von dem Worte Gottes als etwas, das den Menschen in seiner Gänze und Tiefe durchdringt. Wörtlich ist da an entsprechender Stelle im neutestamentlichen Hebräerbrief (Kapitel 4, Vers 12) zu lesen: „Das Wort

Gottes ist lebendig und kräftig und schärfer als jedes zweischneidige Schwert, und dringt durch, bis es scheidet Seele und Geist, auch Mark und Bein, und ist ein Richter der Gedanken und Sinne des Herzens."
Nichts an und im Menschen kann sich also dem Worte Gottes entziehen. Der Mensch, der sich von diesem Worte durchdringen lässt, ist ihm aber nun nicht schutzlos ausgeliefert. Es gilt zwar (Vers 13): „Es ist alles bloß und aufgedeckt vor den Augen Gottes, dem wir Rechenschaft geben müssen." Aber der vom Worte Gottes durchdrungene und ihm ausgelieferte Mensch weiß zugleich um den, an den er sich halten darf: Christus. Darum die Aufforderung (Vers 16): „Lasst uns hinzutreten mit Zuversicht zu dem Thron der Gnade, damit wir Barmherzigkeit empfangen und Gnade finden zu der Zeit, wenn wir Hilfe nötig haben."

# Auf Sand gebaut haben

Jeder Mensch möchte gern Sicherheit. Und weil dem so ist, versuchen wir, uns, soweit das möglich ist, abzusichern. Das gilt vor allem für langfristige, wichtige Vorhaben. Bevor man also zum Beispiel eine Berufsausbildung beginnt, tut man gut daran, sich über die Zukunftsaussichten dieses Berufes zu informieren. Versäumt man dies, könnte am Ende der Ausbildung die Feststellung stehen, dass man auf Sand gebaut hatte, weil genau dieser Beruf wegen der technischen Entwicklung nur noch wenig nachgefragt wird. Und die Erkenntnis, dass sie auf Sand gebaut hatten und deswegen viel Geld in den Sand gesetzt haben, werden auch all die in letzter Zeit gemacht haben, die an der Börse auf die falschen Aktien gesetzt hatten.

Mit solch materiellen Dingen hat nun freilich diese Redewendung von dem „Auf Sand bauen“ ursprünglich überhaupt nichts zu tun. Diese Worte finden sich nämlich im Neuen Testament im Munde Jesu. Genauer gesagt: sie finden sich in einem Gleichnis Jesu. Von denen, die seine „Rede hören und auch tun“, sagt Jesus da, dass sie einem „klugen Mann gleichen, der sein Haus auf Fels baute“ (Matthäus, Kapitel 7, Vers 24). Über jene, die „seine Rede hören, aber nicht tun“, sagt Jesus, dass sie einem „törichten Mann gleichen, der sein Haus auf Sand baute. Als nun ein Platzregen fiel und die Wasser kamen und die Winde wehten und stießen an das Haus, da fiel es ein, und sein Fall war sehr groß“ (Matthäus 7, Vers 26 + 27).

Anders als beim heutigen Gebrauch der Redewendung geht es hier im biblischen Text nicht darum, selbst Vorsorge für die Zukunft zu treffen. Diese Zukunft gründet nach biblischen Verständnis allein in Gott. Darum hat der sein Leben richtig angesiedelt, der das Haus seines Lebens durch sein Reden und Handeln auf Christus als Fels gebaut hat.

# Ein ungläubiger Thomas

Als „ungläubiger Thomas“ muss sich ein Mensch bezeichnen lassen, der sich nur schwer von etwas oder jemandem überzeugen lässt. Wer zum Beispiel technisch wenig versiert ist, der wird sicherlich auf Erklärungen, wie ein Computer funktioniert, nur mit ungläubigem Erstaunen reagieren – wie ein „ungläubiger Thomas“ eben. Und als „ungläubiger Thomas“ stellt sich gewiss häufig jemand dar, der als Gast auf einem geselligen Abend den Erzählungen von Jägern oder auch Anglern lauscht.

Dass ein solcher Mensch nicht „ungläubiger Klaus“ oder „ungläubiger Andreas“ heißt, hat seine Ursache in einer biblischen Geschichte. Die berichtet davon, dass einer der zwölf Jünger Jesu, der eben Thomas hieß, nicht daran glauben wollte, dass der gekreuzigte Christus auferstanden sei.

Der entsprechende Text, der nachfolgend wiedergegeben ist, findet sich im Johannes-Evangelium, Kapitel 20, Vers 24 bis 29: „Thomas aber, der Zwilling genannt wird, einer der Zwölf, war nicht bei ihnen, als Jesus kam. Da sagten die anderen Jünger zu ihm: Wir haben den Herrn gesehen. Er aber sprach zu ihnen: Wenn ich nicht in seinen Händen die Nägelmale sehe und meinen Finger in die Nägelmale lege und meine Hand in seine Seite lege, kann ich's nicht glauben. Und nach acht Tagen waren seine Jünger abermals drinnen versammelt, und Thomas war bei ihnen. Kommt Jesus, als die

Türen verschlossen waren, und tritt mitten unter sie und spricht: Friede sei mit euch. Danach spricht er zu Thomas: Reiche deinen Finger her und sieh meine Hände und reiche deine Hand her und lege sie in meine Seite, und sei nicht ungläubig, sondern gläubig. Thomas antwortete und sprach zu ihm: Mein Herr und mein Gott! Spricht Jesus zu ihm: Weil du mich gesehen hast, Thomas, darum glaubst du. Selig sind, die nicht sehen und doch glauben!" Auch der Zweifler, so sagt es uns diese Geschichte zu, wird von Gott mit seinem Unglauben nicht abgewiesen, sondern ernst genommen.

# Das ist ein Menetekel

Ob man etwas als böses Vorzeichen ansieht, liegt immer auch daran, wie man das jeweilige Geschehen deutet. Manch einer mag die Tatsache, dass er morgens beim Aufstehen mit dem Fuß umknickt, sogleich als Menetekel, also als warnenden Hinweis, auf einen bevorstehenden schlechten Tag ansehen. Für andere ist die schwarze Katze, die den Weg von der falschen Seite kreuzt, Vorbote eines Tages, den man lieber gleich vergessen sollte. Und zum drohenden Menetekel wird wiederum für manch anderen der Umstand, dass der Vorgesetzte ihn diesmal nur mit verkniffenem Gesicht grüßte. Für jenen Menschen, der solch ein Menetekel zum ersten Mal erlebte, bedeutete dies Vorzeichen in

der Tat Unheil. Er starb noch in der darauf folgenden Nacht. Bei besagtem Menschen handelte es sich um den babylonischen König Belsazar, der im sechsten Jahrhundert vor Christus lebte. Bei einem Gelage schändet er, so berichtet die Bibel es im Buche Daniel (Kapitel 5), die von seinem Vater aus dem Jerusalemer Tempel geraubten heiligen Geräte. Darauf erscheinen, von geheimnisvoller Hand geschrieben, an einer Wand Zeichen, die niemand deuten kann. Schließlich wird der Prophet Daniel gerufen, der die Schrift zu lesen und auch auszulegen vermag (Daniel 5, 25 - 28). Die Schrift lautete demnach: „Mene mene tekel u-par-sin." Gedeutet wurden diese Worte von Daniel so: „*Mene*, das ist, Gott hat dein Königtum gezählt und beendet. *Tekel*, das ist, man hat dich auf der Waage gewogen und zu leicht befunden. *Peres*, das ist, dein Reich ist zerteilt und den Medern und Persern gegeben."
Daniel wurde vom König trotz dieser für Belsazar unheilvollen Ankündigung des Unterganges seines Reiches reichlich belohnt. Der König selbst wurde freilich noch in derselben Nacht getötet.
In der Literatur wurde dieser biblische Stoff unter anderem von Heinrich Heine in seinem berühmten „Belsazar"-Gedicht aufgenommen. Aber auch Joachim Ringelnatz „vergriff sich" auf die ihm eigene Art an diesem Stoff mit entsprechendem Ergebnis, das dem Leser nicht vorenthalten werden soll: „Es waren zwei Schweinekarbonaden, die kehrten zurück in den Fleischerladen. Und sagten, so ganz von oben hin: Mene tekel upharsin."

# Die Spreu vom Weizen trennen

Wie man mit Menschen wirklich dran ist, erfährt man oft erst, wenn es einem schlecht geht. Manch einer erlebt dann böse Überraschungen. „Das hätte ich nie gedacht, dass der mich im Stich lassen würde", so hört man es in solch Situationen immer wieder. Aber auch das Umgekehrte gilt: „Von dem hätte ich es nie erwartet, dass der zu mir steht."
Solche Vorgänge, die den Freundeskreis lichten, sind oft schmerzhaft. Aber auf der anderen Seite weiß man dann auch, wie man in Wahrheit mit bestimmten Menschen dran ist. Und die nüchterne Bilanz wird dann oft in die Worte gefasst: „Na ja, das ist vielleicht ganz gut so gewesen, dass sich jetzt die Spreu vom Weizen getrennt hat."
Diese Redewendung nimmt einen Vorgang aus der Landwirtschaft auf, der über Jahrhunderte hin üblich war. Auf der Tenne, also dem Dreschplatz eines Hofes, wurden früher die entkörnten Ähren von den leichten Körnerkapseln, den Spelzen, gereinigt. Dies geschah mit der sogenannten Worfschaufel, einer speziellen Holzschaufel. Beim Worfeln wurde also das gedroschene Getreide aufgeworfen. Während das schwerere Korn dabei niederfällt, fegt der Wind die Spreu weg, so dass diese anschließend verbrannt werden kann.
Mit solch Vorgängen war auch der Mann vertraut, auf den unsere heutige Redewendung zurückgeht. Es ist Johannes der Täufer. Das ist jener Mann, von dem die Bibel berichtet, dass er Jesus im Jordan ge-

tauft habe (Matthäus 3, 13 - 17). Sein Ende war grausam, erbat sich doch Salome als Belohnung für ihren Tanz von ihrem Vater, dem König Herodes, das Haupt des Johannes auf einer Schale (Matthäus 14, 6 - 11).

Zu seinen Lebzeiten rief Johannes, der in der Bibel als „Wegbereiter" Jesu dargestellt wird, die Menschen zur Umkehr auf: „Tut Buße, denn das Himmelreich ist nahe herbeigekommen!" (Matthäus 3, 1). Und im Zusammenhang seiner Bußpredigt begegnen dann auch jene Worte, auf die unsere Redewendung zurückgeht.

Mit Bezug auf Jesus sagt Johannes da (Matthäus 3, 12): „Er hat seine Worfschaufel in der Hand; er wird seine Tenne fegen und seinen Weizen in die Scheune sammeln; aber die Spreu wird er verbrennen mit unauslöschlichem Feuer."

Ursprünglich ist mit der Redewendung von der Spreu, die vom Weizen getrennt wird, also das Gericht gemeint, das durch Jesus an den Menschen geschieht. Aber so gewiss zum christlichen Glauben auch der Gedanke gehört, dass wir „alle offenbar werden müssen vor dem Richterstuhl Christi" (2. Korintherbrief 5, 10), so gewiss ist auch, dass Christus „in die Welt gekommen ist, die Sünder selig zu machen" (1. Timotheusbrief 1, 15).

# Gebt dem Kaiser, was des Kaisers ist

Mit dem Verhältnis von Staat und Kirche ist das so eine Sache. Zumeist eine schwierige. Die Geschichte belegt das. Die Gefahr, in der die Kirche dabei immer wieder steht und der sie bisweilen auch erliegt, ist die, religiös das zu überhöhen und zu bemänteln, was der Staat von seinen Bürgern fordert. Im schlimmsten Fall liefert die Kirche dem Staat das fromme Alibi für dessen gänzlich unfrommes Tun. Mit dem Anspruch göttlicher Legitimation - „Gott will das so“ - wird dann oft etwas versehen, was in Wahrheit nur allzu menschliche Ansprüche durchsetzen möchte.

Wer als Christenmensch in dieser Sache Rat in der Bibel sucht, wird dabei auf ein Wort Jesu stoßen, das sprichwörtlich geworden ist. Es steht im Matthäus-Evangelium im 22. Kapitel, Vers 21: „Gebt dem Kaiser, was des Kaisers ist, und Gott, was Gottes ist.“ Diese Worte Jesu sind dabei die konkrete Antwort Jesu auf die Frage der Pharisäer, ob es recht sei, dem Kaiser Steuern zu zahlen. Verallgemeinernd ließen sich diese Worte so interpretieren, dass ein Christ sich den berechtigten Ansprüchen des Staates nicht entziehen kann und darf. Aber den Ansprüchen Gottes eben auch nicht. Was aber, wenn diese beiden Ansprüche in Widerstreit miteinander geraten? Natürlich wird ein Christ in solch Situationen auch immer einen anderen, ebenfalls sprichwörtlich gewordenen Satz der Bibel vor Augen haben: „Man muss Gott mehr gehorchen als den Menschen“ (Apostelgeschichte Kapitel 5, Vers 29). Was dem Willen Gottes, dem es zu gehorchen gilt, in einer konkreten Situation entspricht, kann dabei nur das an Gottes Wort gewiesene Gewissen des Einzelnen entscheiden. Und dieses Gewissen unterliegt allemal auch immer dem Irrtum - und damit der Schuld.

Wer dem Kaiser geben will, was des Kaisers ist, und Gott geben will, was Gottes ist, wird in Grenzsituationen die Erfahrung machen müssen, dass er, wie immer er sich auch entscheidet, schuldig wird. Aber diese Schuld kann und darf er auf sich nehmen im Glauben und Vertrauen auf Gott, der unser Gewissen bindet – und löst.

# Im Schweiße meines Angesichtes

Manchen Menschen scheint alles zuzufliegen. Sprachen lernen sie im Nu, den Führerschein machen sie in Rekordzeit und das Auto-Reparieren ist für sie erst recht kein Problem. Andere hingegen tun sich mit vielem schwer. Und wenn solche Menschen dann endlich das ersehnte Ziel erreicht haben, dann kommen ihnen nicht selten als tiefer Stoßseufzer die Worte über die Lippen: „Das habe ich mir aber auch wirklich im Schweiße meines Angesichtes mühselig erkämpft."

Von harter Arbeit und Mühsal ist auch in jenem biblischen Text die Rede, aus dem diese Redewendung stammt. Dieser Text, es ist die Geschichte vom Sündenfall, steht im 1. Buch Mose, Kapitel 3. Hier wird davon berichtet, dass der Mensch der Versuchung der Schlange „Ihr werdet sein wie Gott" nicht widerstehen konnte. Doch nicht „wie Gott" finden sich Adam und Eva nach ihrem Sündenfall vor, sondern einfach nur nackt. Und so können sich die beiden nur schamvoll in die Büsche schlagen, als Gott nach ihnen ruft. Zwar müssen Adam und Eva das Paradies, den Garten Eden, verlassen, aber sie bleiben doch nicht ohne die Fürsorge Gottes. So macht Gott ihnen „Röcke von Fellen und zog sie ihnen an" (Vers 21). Auch entzieht Gott dem Menschen nicht die Lebensgrundlage. Wohl aber soll sich der Mensch, der jetzt „Jenseits von Eden" leben muss, nur noch mit Mühsal ernähren können. Wörtlich heißt es dann in Vers 19: „Im Schweiße deines Angesichtes sollst du dein Brot essen, bis du wieder zu Erde werdest, davon du genommen bist. Denn du bist Erde und sollst zur Erde werden."

Wer im Schweiße seines Angesichtes endlich etwas erreicht hat, der hat dabei etwas von der Mühsal des Menschen erfahren, der das Paradies verlassen musste. Aber er kann dabei auch immer wieder erfahren, dass auch der Mensch, der „Jenseits von Eden" lebt, nicht ohne den Segen Gottes bleibt.

# Seine Zunge im Zaum halten

Die Zunge ist ein gefährlich Ding. Natürlich ist sie es nicht als Ding an sich, sondern durch das, was sie transportiert: Worte. Gewiss können Worte, gute und liebe Worte zumal, uns beglücken und entzücken. Andererseits können Worte aber auch verletzen und tödlich beleidigen. Wie viel Feindschaft zwischen einzelnen Menschen ist entstanden durch ein neid- oder hasserfülltes Wort. Und oft genug bleibt solch ein Wort über Jahre und Jahrzehnte wie eine unüberwindliche Mauer stehen. Chroniken legen nicht selten ein beredtes Zeugnis darüber ab, wie ein abwertendes Wort oft über Jahrhunderte das Verhältnis zwischen Familien, Sippen, Völkern oder auch Konfessionen geprägt hat. Auch für unseren alltäglichen Umgang heute empfiehlt es sich deshalb sicherlich, seine Zunge im Zaum zu halten. Nicht zum Leisetreter muss man deshalb werden. Wohl aber zu einem Menschen, der einem anderen die Wahrheit nicht um die Ohren schlägt, sondern sie ihm so sagt, dass der andere spürt: Hier will mir einer helfen, weil er es gut mit mir meint.

Wo die Zunge in solch einem Zaum der Liebe gehalten wird, kommt man der ursprünglichen Intention dieser biblischen Redewendung ganz nah. Denn diese aus dem Jakobusbrief stammende Aufforderung, seine Zunge im Zaum zu halten, versteht sich nicht als allgemeiner Appell zu einem moralischen Wohlverhalten. Nein, der Jakobusbrief setzt christliches Reden, genauer gesagt: christliches Hören und Tun in einen unmittelbaren Zusammenhang. Und auch wenn lutherische Christen mit der „Werkgerechtigkeit“ so ihre Schwierigkeiten haben, der Satz des Jakobusbriefes: „Seid aber Täter des Wortes und nicht Hörer allein“ (Jakobusbrief, Kapitel 1, 22) behält auch für sie seinen angemessenen Stellenwert. Und angemessen ist es sicherlich auch, die Zunge als etwas zu betrachten, das in hervorragender Weise dazu geeignet ist, Gottes Willen in dieser Welt konkret zu vergegenwärtigen. So kann man jenem Satz des Jakobus, auf den unsere heutige Redewendung zurückgeht, wohl nur zustimmen (Jakobusbrief Kapitel 1, 26): „Wenn jemand meint, er diene Gott, und hält seine Zunge nicht im Zaum, so ist sein Gottesdienst nichtig.“

# Im stillen Kämmerlein

Was verkauft werden soll, gehört auf den Markt. Das galt und gilt im wörtlichen wie übertragenen Sinn. Auch die Kirche darf sich deshalb heute nicht zu fein dafür sein, auf den Markt zu gehen. Vor allem für den Markt der Medien gilt dies. Natürlich herrschen dort die diesem Markt innewohnenden Gesetze. Und eines dieser Medien-Gesetze lautet: „Bad news are good news - Schlechte Nachrichten sind gute Nachrichten.“ Das Evangelium, übersetzt: die gute Nachricht, scheint da also von vornherein keine guten Karten zu haben. Und in der Tat ist es denn ja auch so, dass die Kirche, zumindest in einigen Teilen der Medien, nur dann vorkommt, wenn sie schlechte Nachrichten, womöglich in Form von Skandalen, liefert. Der Rückzug ins stille Kämmerlein scheint deshalb manch einem die logische Konsequenz zu sein.

Wer das täte, hätte Christus freilich dabei nicht auf seiner Seite. Auch wenn auf ihn die Redewendung vom stillen Kämmerlein zurückgeht, so hat er damit seiner Kirche doch nicht den Rückzug hinter die Kirchenmauern empfohlen. Für die, die seinem Auftrag folgen wollen, gilt vielmehr: „Was euch gesagt wird in das Ohr, das predigt auf den Dächern“ (Matthäus 10, 27). Die frohe Botschaft des Evangeliums ist also allemal eine Sache, die es um Gottes und der Menschen willen verdient hat, unters Volk gebracht zu werden. Nein, wenn Christus den Rückzug ins Kämmerlein empfiehlt, dann will er der Kirche damit also keineswegs raten, zur frommen Selbstberieselungsanlage zu werden. Vielmehr kritisiert er damit eine bestimmte Art von Frömmigkeit, die sich öffentlich zur Schau stellen will (Matthäus 6, 5 - 6): „Und wenn ihr betet, sollt ihr nicht sein wie die Heuchler, die gern in den Synagogen und an den Straßenecken stehen und beten, damit sie von den Leuten gesehen werden. Wahrlich, ich sage euch: Sie haben ihren Lohn schon gehabt. Wenn du aber betest, so geh in dein Kämmerlein und schließ die Tür zu und bete zu deinem Vater, der im Verborgenen ist; und dein Vater, der in das Verborgene sieht, wird dir's vergelten."

Stilles Kämmerlein und Markt schließen sich nun aber keineswegs gegenseitig aus. In der stillen Kammer kann und darf Gott um die Kraft gebeten werden, die die Kirche braucht, um dem Wind standzuhalten, der ihr auf dem öffentlichen Markt oft ins Gesicht bläst.

# Ein salomonisches Urteil

Recht haben und Recht bekommen - das sind nicht unbedingt Dinge, die zusammengehören. Das eine bringt keineswegs das andere notwendig mit sich. Diese schmerzliche Erfahrung hat wohl jeder schon in seinem Leben machen müssen. Glücklich kann sich darum der preisen, dem im Ernstfall ein salomonisches Urteil zuteil wird. Darunter versteht man ja einen Urteilsspruch, der von Gerechtigkeit und Weisheit zeugt.

Seinen Namen verdankt solch ein Urteil dem biblischen König Salomo. Dieser, ein Sohn Davids, war König von Israel und Juda (965 - 926 vor Christus). Eines Tages, so wird es im ersten Buch der Könige berichtet (Kapitel 3, 16 - 28) traten zwei Frauen vor ihn, die einem einschlägigen Gewerbe nachgingen. Beide lebten zusammen in *einem* Hause und hatten ungefähr zur selben Zeit ein

Kind geboren. Das Kind der einen Frau war, so die Behauptung der anderen Frau, bald verstorben, weil es von der eigenen Mutter im Schlaf erdrückt worden sei. Die Mutter habe daraufhin ihr totes Kind ihrer Mitbewohnerin in den Arm gelegt und dafür deren lebendes Kind an sich genommen.

Natürlich wurde dieser Schilderung von der „Gegenseite“ widersprochen. Wie der König, dem ein „Gen-Test“ noch fremd war, diesen Fall löste, sei hier im Wortlaut wiedergegeben (Vers 24 - 27): „Und der König sprach: Holt mir ein Schwert! Und als das Schwert vor den König gebracht wurde, sprach der König: Teilt das lebendige Kind in zwei Teile, und gebt dieser die Hälfte und jener die Hälfte. Da sagte die Frau, deren Sohn lebte, zum König - denn ihr mütterliches Herz entbrannte in Liebe für ihren Sohn - und sprach: Ach, mein Herr, gebt ihr das Kind lebendig und tötet es nicht! Jene aber sprach: Es sei weder mein noch dein: lass es teilen! Da antwortete der König und sprach: Gebt dieser das Kind lebendig und tötet's nicht; die ist seine Mutter.“

Dieser Streitfall also lag dem ersten „salomonischen“ Urteil zugrunde. Und von dem, der es fällte, heißt es abschließend in dem entsprechenden Kapitel 3, Vers 28: „Und ganz Israel hörte von dem Urteil, das der König gefällt hatte, und sie fürchteten den König; denn sie sahen, dass die Weisheit Gottes in ihm war, Gericht zu halten.“ Und diese Kunde von der Weisheit Salomos findet eben auch noch bis zum heutigen Tag in unserer Redewen-

dung vom salomonischen Urteil ihren Niederschlag.
Auch die Literatur hat sich dieses Themas immer wieder angenommen. Man denke etwa an das Theaterstück „Der Kaukasische Kreidekreis“ von Bertolt Brecht.

## Der Tanz um das goldene Kalb

„Woran du nun dein Herz hängst, das ist dein Gott.“ Dieser Satz Luthers hat bis heute nichts von seiner Wahrheit verloren. Götzen, an denen Menschen ihr Herz hängen, gibt’s da viele - möge deren Namen nun Macht, Reichtum, Ansehen oder Karriere heißen. Fast jedes Opfer sind viele bereit, auf den Altären dieser Götzen zu opfern. Der oft mit kultischem Ernst vollzogene Tanz um das goldene Kalb findet täglich und öffentlich unter uns statt. Und nicht selten befinden wir uns wohl selbst auch mitten in diesem Reigen.
Was uns da hineintreibt in diesen Tanz, ist zum einen der Wunsch nach Glück und Erfüllung. Zum anderen muss dieses Glück und diese Erfüllung aber auch für uns sichtbar und vor anderen vorzeigbar sein. Das goldene Kalb in Gestalt etwa von Haus, Auto und Urlaubsreise wird so zum Ausweis und Garant eines gelungenen Lebens.
Etwas Handfestes, das ihnen Sicherheit geben sollte, wollten auch die vor Augen haben, die das

erste goldene Kalb formten. Es war das Volk Israel, das von Mose aus Ägypten geführt wurde und nun am Berge Sinai lagerte. Auf diesen Berg war Mose jetzt hinaufgestiegen, um dort von Gott die beiden Tafeln des Gesetzes, die Zehn Gebote, in Empfang zu nehmen. „Als aber das Volk sah, dass Mose ausblieb und nicht wieder von dem Berg zurückkam" (2. Buch Mose 32, 1), wurde das Volk unruhig. Mit Mose war ihnen nämlich sozusagen der Garant, dass der Gott Israels mit ihnen war, abhanden gekommen. Und darum forderte jetzt das Volk konsequent von Aaron, dem Bruder Moses: „Auf, mach uns einen Gott, der vor uns hergehe!"

Und so geschieht es dann auch: „Da riss alles Volk sich die goldenen Ohrringe von den Ohren und brachte sie zu Aaron. Und er nahm sie von ihren Händen und bildete das Gold in einer Form und machte ein gegossenes Kalb. Und sie sprachen: Das ist dein Gott, Israel, der dich aus Ägyptenland geführt hat" (2. Buch Mose 32, 4).

Ohne einen Gott kann der Mensch also nicht leben, so sagt es diese Geschichte. Und wenn ihm der wahre Gott abhanden kommt oder abhanden gekommen zu sein scheint, dann schafft er sich eben selbst einen Gott. Und vertraut ihm und verehrt ihn wie den wahren Gott.

Sept. 2011

# Wer suchet, der findet

Wer kennt das nicht? Da meint man sich ganz genau erinnern zu können, dass man den Auto-Schlüssel an eine ganz bestimmte Stelle gelegt hat. Und dann will man ihn rasch von dort holen und muss feststellen: die bestimmte Stelle ist zwar immer noch da, leider aber nicht der Schlüssel. Irgendwelche böse Wesen, zu denen die Kinder ebenso gehören können wie die Ehefrau oder der Ehemann haben ihn offensichtlich verschleppt. Aber da hilft nun gar nichts. Die ganze Familie muss zum Suchen ausschwärmen. Und wenn man dann endlich fündig geworden ist, ertönt nicht selten der Satz „Wer suchet, der findet." Verschwiegen sei freilich nicht, dass dieser Satz bisweilen von anderen Sätzen begleitet werden kann, die da lauten „Du mit deiner Ordnung" oder „Du weißt doch nie, wo du deine Sachen lässt."

„Wer suchet, der findet", diese Redewendung findet sich so wörtlich im Matthäus-Evangelium, (Kapitel 7, Vers 7 + 8). Sie ist dort Bestandteil einer Predigt Jesu, die nach Matthäus von Jesus auf einem Berg gehalten wird. Diese sogenannte Bergpredigt Jesu enthält vor allem Anweisungen für das, was wir ein christliches Leben nennen würden. Und zu diesen Anleitungen gehören auch die Worte Jesu „Suchet, so werdet ihr finden" (Matthäus 7, 7) und „Wer da suchet, der findet" (Matthäus 7, 8).

Diese Worte klingen nach Automatismus – nach der Melodie „Oben Geld in den Automaten rein, unten kommt dann das Gewünschte raus." Und in dieser Automatik könnte man sich noch bestärkt fühlen, wenn man den Zusammenhang liest, in dem unsere Redewendung steht. Da heißt es nämlich: „Bittet, so wird euch gegeben; klopfet an, so wird euch aufgetan." Nun hat jeder in seinem Leben wohl auch schon gegenteilige Erfahrungen gemacht. Da blieben bittende Hände leer und Türen taten sich trotz lauten Klopfens nicht auf.

Gewiss wusste Jesus auch darum, dass Menschen diese Erfahrungen machen müssen. Wenn er dennoch so spricht, wie er spricht, dann will er den Menschen Mut machen, auf Gott zu vertrauen. Mit der Aufforderung „Suchet, so werdet ihr finden" sagt Jesus uns Menschen zu, dass Gott uns nicht ins Leere laufen lassen wird. Nun ist Gott gewiss nicht der Sklave unserer Wünsche und auch kein Erfüllungsautomat. Wohl aber ist er der Vater seiner Töchter und Söhne. Und als dieser Vater will Gott seine Kinder nicht im Stich lassen. Im Munde Jesu hört sich das so an (Matthäus 7, 9 + 10): „Wer ist unter euch Menschen, der seinem Sohn, wenn er ihn bittet um Brot, einen Stein biete? oder, wenn er ihn bittet um einen Fisch, eine Schlange biete? Wenn nun ihr, die ihr doch böse seid, dennoch euren Kindern gute Gaben geben könnt, wie viel mehr wird euer Vater im Himmel Gutes geben denen, die ihn bitten."

Suchet, so werdet ihr finden - diese Redewendung ist also ursprünglich die Aufforderung Jesu an die Menschen, den Sinn und die Erfüllung ihres Lebens bei Gott zu suchen. Und zu finden.

# Der Geist ist willig

Zwischen Wollen und Vollbringen liegen oft Welten voller Versuchungen. Und wenn dann jemand trotz aller guten Vorsätze schließlich doch der Versuchung nicht widerstehen konnte, dann wird man ihm bescheinigen, dass sein Geist zwar willig gewesen sei, das Fleisch jedoch schwach. So wird sich etwa derjenige, der sich vorgenommen hatte, etliche Pfunde abzunehmen, und sich dann doch wieder die geliebte Tafel Schokolade einverleibte, sagen lassen müssen, dass sein Geist willig, aber sein Fleisch schwach gewesen sei.

In dieser Redewendung schwingt dabei zumeist ein wohlwollendes Verständnis für den mit, der Gewolltes nicht in die Tat umzusetzen vermochte. Dieses Wohlwollen ist dem ursprünglichen Gebrauch dieses Satzes fremd. Das belegt das Matthäus-Evangelium, wo diese Redewendung herrührt. Im Zusammenhang mit der Leidensgeschichte ist bei Matthäus (Kapitel 26, 36 - 46) davon die Rede, dass Jesus mit seinen Jüngern in den Garten Gethsemane geht. Dort bittet er sie: „Bleibt hier und wacht mit mir." Doch als Jesus, der im Gebet mit Gott um sein Todes-Geschick ringt, zu ihnen zurückkommt, findet er sie schlafend. Wörtlich heißt es dann in den Versen 40 und 41: „Könnt ihr denn nicht eine Stunde mit mir wachen? Wachet und betet, dass ihr nicht in Anfechtung fallt! Der Geist ist willig; aber das Fleisch ist schwach."

Christus rechnet also auch mit der Schwachheit des Fleisches. Doch er deckt diese nun nicht einfach wohlwollend zu, sondern sagt: „Wacht und betet, dass ihr nicht in Anfechtung fallt."
Der Mensch soll und kann also Gott im Gebet darum bitten, dass dieser ihm nicht nur das Wollen, sondern auch das Vollbringen schenke. Dieser Stärkung „von oben" ist der Mensch bedürftig, weil sein Geist zwar willig, aber sein Fleisch schwach ist.

# In Sack und Asche gehen

Kleidung ist der Mode unterworfen. Eine ganze Industrie lebt davon. Was da im Einzelnen von den großen Modehäusern in ihren Modeschauen jedes Frühjahr und jeden Herbst vorgestellt wird, entspricht sicherlich nicht immer jedermanns Geschmack. Aber über Geschmack lässt sich ja bekanntlich auch nicht streiten.
Nun ist die Mode freilich nicht nur dem Geschmack unterworfen, sondern auch der Konvention. Zur Hochzeit etwa ist es in unseren Breitengraden üblich, dass eine Braut ganz in Weiß vor den Traualtar tritt. Als gänzlich unangemessen würde es erscheinen, wenn jemand weiß gekleidet zu einer Beerdigung gehen würde. Hier gilt bei uns eine schwarze Kleidung als dem traurigen Anlass und den damit verbundenen Gefühlen angemessen.

Einem Gefühlszustand Ausdruck verleihen will auch eine Bekleidung, die in der Redewendung begegnet, um die es nun gehen soll. Wenn wir über einen Menschen sagen, er habe Grund, in Sack und Asche zu gehen, dann wollen wir damit sagen, dass der Betreffende Schuld auf sich geladen hat und deshalb Anlass hat, dafür Buße zu tun.

Sack und Asche als äußere Zeichen der Buße und der Trauer begegnen uns ursprünglich im alten Israel. Zumeist handelte es sich bei diesem Sack übrigens um einen dunklen, aus Kamel- oder Ziegenhaaren gewobenen Stoff. Von solch einem Sack ist auch die Rede im Buch Jona, in dem der gleichnamige Prophet das große Strafgericht Gottes über die Stadt Ninive ankündigt. Von den Einwohnern der Stadt und ihrem König wird dann im Kapitel 3, Vers 5 und 6 folgendes berichtet: „Da glaubten die Leute von Ninive an Gott und ließen ein Fasten ausrufen und zogen alle, groß und klein, den Sack zur Buße an. Und als das vor den König von Ninive kam, stand er auf von seinem Thron und legte seinen Purpur ab und hüllte sich in den Sack und setzte sich in die Asche." Die Geschichte hat dann auch, wir würden sagen ein „Happy end": Gott verschont die Stadt, weil sie Buße tat.

Die Asche als Zeichen der Vergänglichkeit des Menschen, die ihn zur Umkehr vor Gott anleitet, ist auch heute noch im Gebrauch. So zeichnet in der katholischen Kirche der Priester am Aschermittwoch die Gläubigen an der Stirn mit einem Asche-Kreuz als Zeichen ihrer Buße.

# Jeder hat sein Kreuz zu tragen

Klagen gehört zur menschlichen Natur. Vor allem auch die Klage über das eigene Schicksal. Kein Tag vergeht, wo nicht - je nach Standpunkt - über den Chef oder die Untergebenen geklagt oder über die Frauen oder die Männer gejammert wird. Von den Kindern, die so undankbar sind, oder den Eltern, die einen als Kind sowieso nicht verstehen, ganz zu schweigen. Der Ausruf „Es ist ein Kreuz" mit ihm oder ihnen ist da an der Tagesordnung. Aber viel lässt sich dagegen auch nicht machen. So bleibt nur der gegenseitige Trost, dass eben jeder sein Kreuz zu tragen hat. Auch das Schwere, auch das Leid, so will es diese Redewendung ausdrücken, muss der Mensch in seinem Leben akzeptieren.

Von dieser eher resigniert klingenden Grundhaltung ist in jenem biblischen Text, auf den sich unsere Redewendung bezieht, nichts zu finden. Die entsprechende Stelle liest sich im Matthäus-Evangelium (Kapitel 10, Vers 38) so: „Und wer nicht sein Kreuz auf sich nimmt und folgt mir nach, der ist meiner nicht wert."

Der hier spricht und zur Nachfolge auffordert, ist Christus. Die Bereitschaft, um seinetwillen Lasten und Leiden, eben das Kreuz, auf sich zu nehmen, ist für Christus selbstverständliche Voraussetzung für den, der in seine Fußstapfen treten will. Das Kreuz, im Sinne der Bereitschaft, um der Liebe zum Nächsten willen für andere zu leiden, wird hier ausschließlich als etwas Positives angesehen.

Im heutigen Vokabular ausgedrückt: Wer sein Kreuz auf sich nimmt und Christus nachfolgt, verwirklicht sich dadurch selbst. Originalton Jesus: „Wer sein Leben verliert um meinetwillen, der wird's finden" (Vers 39). Das mag nun für manch einen Zeitgenossen gewiss wenig eingängig klingen, sich selbst ausgerechnet dadurch verwirklichen zu sollen, dass er nicht für sich, sondern für andere Menschen da ist! Auch mit dem Kreuz ist es eben ein Kreuz...

# Ein Pharisäer

„Bringen Sie uns doch bitte zwei Pharisäer!". Diese Bestellung kann man bisweilen in Lokalen an der Nordseeküste, vor allem an der nordfriesischen, hören. Das Getränk, das der Gast dann serviert bekommt, hat es im wahrsten Sinne des Wortes in sich. Eine schöne wohlgeformte große Tasse steht dann vor einem. Sie enthält Kaffee und einen ordentlichen Schuss Rum. Gekrönt wird das Ganze durch ein Sahnehäubchen, das nicht unwesentlich zum Namen dieses Getränkes beitrug. Es sollte nämlich verhindern, dass der Rum sofort „ruchbar" wurde. Riechen sollte dies, so will es die Überlieferung, vor allem nicht der Pastor jenes Dorfes, in dem dieses Getränk erfunden wurde. Als der Hirte seinen gewitzten trinkfreudigen Schäfchen, die sich mit ihrem harmlosen Kaffee als unschuldige Lämmer geben wollten, auf die Schliche kam, soll er ausgerufen haben: „Oh, ihr Pharisäer."

Nun leitet sich die Bezeichnung eines scheinheiligen, heuchlerischen Menschen als „Pharisäer" natürlich nicht von dieser Geschichte ab. Vielmehr nimmt der Ausruf dieses Pfarrers Bezug auf eine Personengruppe, die in der Bibel, im Neuen Testament, häufig erwähnt wird. Beispielhaft geschieht das im Gleichnis Jesu vom Pharisäer und vom Zöllner, das im Lukas-Evangelium, Kapitel 18, Verse 9 bis 14, überliefert ist. Die Pharisäer waren Menschen, die auf eine peinlich genaue Einhaltung der Gebote achteten, um so das Kommen des Messias von Seiten des Menschen zu sichern. Pharisäer waren also das, was wir als fromme Menschen bezeichnen würden. So spendeten sie zum Beispiel den zehnten Teil ihrer Einkünfte, den sogenannten Zehnten, als Gabe an Gott und zum Unterhalt der Priester. Und mit entsprechendem Bewusstsein ihrer Gottwohlgefälligkeit traten die Pharisäer dann auch auf. So auch in unserem Gleichnis. Während der Zöllner da im Tempel zu Jerusalem nur ein „Gott, sei mir Sünder gnädig!" hervorbringt, zählt der Pharisäer, der vor Selbstgerechtigkeit bald umfällt, all seine Verdienste vor Gott auf. Das Urteil Jesu über beide ist kurz und lautet „Dieser (der Zöllner) ging gerechtfertigt hinab in sein Haus, nicht jener."

Und dieser Vorwurf der Selbstgerechtigkeit schwingt ja auch durchaus noch mit, wenn wir heute einen Menschen als „Pharisäer“ oder „pharisäerhaft“ bezeichnen.

# Zur Salzsäule erstarren

Die biblische Geschichte, auf die die Redewendung zurückgeht, um die es jetzt gehen soll, ist eine recht grausige Geschichte. Sie steht im 1. Buch Mose im 19. Kapitel und berichtet vom Untergang der Städte Sodom und Gomorra. Über beide Städte, deren Sitten-Verderbnis ja bis heute sprichwörtlich geblieben ist, sollte das Strafgericht Gottes kommen. Doch bevor der Herr Schwefel und Feuer über Sodom und Gomorra regnen ließ, sandte er Engel dorthin. Diese sollten Lot und seine Familie auf Grund der Fürbitte Abrahams vor dem Untergang retten. „Rette dein Leben und sieh nicht hinter dich“ (Vers 17), so lautete der Befehl der Engel an Lot und die Seinen. Doch die Frau des Lots folgte diesem Befehl nicht. Was ihr daraufhin widerfuhr, schildert die Bibel mit Worten, die uns bis heute geläufig geblieben sind: „Und Lots Weib sah hinter sich und ward zur Salzsäule“ (Vers 26).

Dass jemand „zur Salzsäule erstarrt“, diese Redewendung stammt also aus dieser biblischen Geschichte. Die Art, wie wir sie heute gebrauchen, hat mit diesem biblischen Zusammenhang nur noch wenig zu tun. Demnach erstarrt der zur Salzsäule,

der sich furchtbar erschrocken hat und deshalb vor Entsetzen wie gelähmt ist. Der Anlass für solch ein Erstarren kann dabei sicherlich recht unterschiedlich sein. Bei dem einen mag es die Steuer-Nachforderung des Finanzamtes sein. Bei dem anderen mag es die ihn im Urlaub ereilende Nachricht sein, dass sein Haus abgebrannt ist, die ihn zur Salzsäule erstarren lässt.
Übrigens: Noch heute wird in der Nähe des Toten Meeres ein eigenartig geformtes Salzsteingebilde als „Lots Frau“ bezeichnet.

# Jemandem sein Herz ausschütten

Vieles behält man besser für sich. Geheimnisse etwa, die einem anvertraut wurden, vertragen es nicht, unter dem Siegel der Verschwiegenheit in alle Himmelsrichtungen verschwätzt zu werden. Und auch für Gerüchte gilt, dass man diese am besten dort belässt, wo sie hingehören: im Mülleimer unseres Gedächtnisses.
Anders sieht es freilich dann aus, wenn wir von Leid oder Unglück heimgesucht werden. In solch bedrängenden Situationen ist es für jeden eine Hilfe, wenn er sich einem anderen Menschen mitteilen kann - und das heißt ja eben, sein Leid mit einem anderen teilen können.

Solche Menschen zu finden, ist nun allerdings gar nicht so leicht. Gelegentlich haben wir vielleicht schon selbst jemanden „abgewimmelt“, weil wir meinten, genug mit unseren eigenen Problemen zu tun zu haben. Aber auch eine andere Erfahrung hat die eine oder andere schon mit sich oder auch mit anderen machen müssen: Da hat man jemandem eines Tages voller Vertrauen sein Herz ausgeschüttet, weil man endlich einmal all das loswerden musste, was einen Tag und Nacht bedrückte. Und was geschah? Statt Mit-Leiden gab’s nur Phrasen, statt Hilfe nur Ausreden. Da hätte man doch besser geschwiegen. So blieb nur das Gefühl, sich selbst mit seiner Not an einen anderen verraten zu haben.
Ähnliche Erfahrungen muss da jemand vor sehr langer Zeit auch gemacht haben. Und die Summe dieser Erfahrungen hat er in Worte gekleidet, die uns auch heute noch als Redewendung geläufig sind: „Hoffet auf Gott, liebe Leute, schüttet euer Herz vor ihm aus. Gott ist unsere Zuversicht“ (Psalm 62, 9).
Bei Gott, so ruft es uns der Psalmist hier zu, sind wir an der richtigen Adresse, wenn Leid und Unglück uns den Lebensatem zu nehmen scheinen. Vor ihm können und sollen wir alles Unheil unseres Lebens bringen. Er wird unser Herz, das wir vor ihm ausgeschüttet haben, nicht leer, nicht ohne Trost lassen: „Meine Seele ist stille zu Gott, der mir hilft“ (Psalm 62, 2).

# Auge um Auge, Zahn um Zahn

Gleiches mit Gleichem zu vergelten, das liegt nicht nur dem alten Adam. Auch die alte Eva tut da gern mit: Wie du mir, so ich dir. Man kann sich ja schließlich nicht alles gefallen lassen. Die anderen müssen doch merken, dass man sich zu wehren weiß. Und wenn wir es dann denen, die es unserer Meinung nach verdient hatten, ordentlich heimgezahlt haben, dann fühlen wir uns vielleicht nicht unbedingt christlicher, aber doch bisweilen erleichterter.

„Auge um Auge, Zahn um Zahn" - dieser alttestamentliche Satz geht bei entsprechender Gelegenheit auch sonst gar nicht so bibelfesten Zeitgenossen als Rechfertigung für ihr Tun recht geläufig von den Lippen. Diese auch heute noch gebräuchliche Redewendung, die sogenannte „Talionsformel", ist ein Rechtsgrundsatz, der sich mehrfach im Alten Testament findet. So heißt es etwa im 3. Buch Mose 24, Vers 19 + 20: „Und wer seinen Nächsten verletzt, dem soll man tun, wie er getan hat, Schaden um Schaden, Auge um Auge, Zahn um Zahn."

Die Forderung, Gleiches darf nur mit Gleichem vergolten werden, muss dabei schon als Fortschritt gegenüber der ungezügelten Blutrache angesehen werden, wie sie etwa noch im 1. Buch Mose 4, Vers 23, dem sogenannten Lamech-Lied, zum Ausdruck kommt: „Einen Mann erschlug ich für meine Wunde und einen Jüngling für meine Beule."

Im Neuen Testament wird die Talions-Formel von Christus in seiner sogenannten Bergpredigt aufgenommen (Matthäus 5, Verse 38 - 39): „Ihr habt gehört, dass gesagt ist: ´Auge um Auge, Zahn um Zahn.` Ich aber sage euch, dass ihr nicht widerstreben sollt dem Übel, sondern: wenn dich jemand auf deine rechte Backe schlägt, dem biete auch die andere dar."
Solch Sätze gefallen uns nur wenig, denn wir alle teilen nun einmal lieber aus, als dass wir einstecken. Auf Vergeltung wird deshalb nur der verzichten können und wollen, in dessen Herz der Wunsch nach Rache durch die Kraft der Liebe Gottes in den Wunsch nach Versöhnung verwandelt wurde.

# Ehre, wem Ehre gebühret

„Mit den Komponisten ist es oft so wie mit den Schweinen: Erst nach ihrem Tod lernt man, sie zu schätzen."
Dieses Bonmot, das dem Komponisten Max Reger zugeschrieben wird, bringt auf drastische Weise zum Ausdruck, dass Menschen bisweilen ihr Leben lang die Anerkennung versagt bleibt. Manch einer verbittert über so viel Missachtung. Andere versuchen, sich gänzlich unabhängig von dem zu machen, was „man" über sie denkt und spricht. Aber letztlich ge-

lingt das wohl kaum, denn zu jedem erfüllten Leben gehört, dass ihm je und dann die gebührende Anerkennung widerfährt. Und wenn dann zum Beispiel ein verdienter Mitarbeiter einer Firma für seine langjährige Tätigkeit gewürdigt wird, fallen nicht selten die Worte: „Ehre, wem Ehre gebühret." Und auch für diejenige, die unter Einsatz ihres eigenen Lebens einen anderen Menschen vor dem Tode bewahrt hat und dafür öffentlich belobigt wird, darf gelten: „Ehre, wem Ehre gebühret."

Die Ehre, von der hier die Rede ist, widerfährt Menschen, die sich um etwas oder jemanden verdient gemacht haben. Nun gibt es aber auch Menschen, die schon allein wegen ihres „Standes" geehrt werden. Früher zumindest wurde so „das Alter" geehrt. Wenn man allerdings heute in den Zügen und Straßenbahnen alte Menschen reihenweise stehen sieht, während selbst jugendliche Mitmenschen ihre Beine sitzend schonen, dann kann von einem solchen das „Alter ehren" wohl kaum noch die Rede sein. Ein anderer „Stand" erfreut sich da aber nach wie vor großer Verehrung, die sich allerdings zumeist als Neugier äußert. Ich meine den Adel, insbesondere den Hochadel. Dieser verstand sich ja früher von „Gottes Gnaden" eingesetzt und nahm deshalb auch eine entsprechende Hochachtung für sich in Anspruch. Und diese Hochachtung fordert, wenn auch nicht speziell auf den Adel, sondern ganz allgemein auf die Obrigkeit bezogen, auch jener Bibel-Abschnitt ein, aus dem unsere Redewendung stammt. Dieser Abschnitt steht im 13. Kapitel des Römerbriefes, Vers 1 - 7. Dieser Text des Apostels Paulus hat wie kein anderer das christliche Verständnis von Staat und Obrigkeit geprägt mit Aussagen wie diesen: „Jedermann sei untertan der Obrigkeit, die Gewalt über ihn hat, denn es ist keine Obrigkeit außer von Gott; wo aber Obrigkeit ist, die ist von Gott angeordnet. Wer sich nun der Obrigkeit widersetzt, der widerstrebt der Anordnung Gottes; die ihr aber widerstreben, ziehen sich selbst das Urteil zu" (Vers 1 + 2).

Mit solch Sätzen wurde ein Verständnis gefördert, das den bedingungslosen Gehorsam als einzig angemessene Reaktion auf die Befehlsgewalt der Obrigkeit verstand. Ein Gehorsam aber, der nichts mehr hinterfragt, weil er die Obrigkeit als nicht hinterfragbar, weil von Gott gegeben, ansieht, liefert damit letztlich Gott der Obrigkeit aus. Diese kann dann unter Umständen zur Erfüllung ihres Willens, ihrer Gesetze, von den Bürgern einen Gehorsam einfordern, der den Willen Gottes und seine Gebote mit Füßen tritt. Die Geschichte, auch die jüngste deutsche Geschichte, liefert dafür hinreichend Beispiele. Der Satz des Paulus „Gebt Ehre, dem die Ehre gebührt" (Vers 7) muss in solchen Fällen „gegen den Strich (gegen die Obrigkeit) gebürstet" werden. Wo der Staat also versucht, unter Berufung auf seine göttliche Legitimität sein gottloses Tun mit einem frommen Mäntelchen zu bedecken, da muss dann in der Tat gelten: „Ehre, dem Ehre gebühret." Und das kann dann nur heißen: Soli Deo Gloria - Allein Gott die Ehre!